675

ENLACE

Books are to be returned on or before
the last date below.

3 1 JAN 1995 A

7-DAY LOAN

DEPARTAMENTO DE LENGUA ESPAÑOLA
FACULTAD DE FILOLOGIA
UNIVERSIDAD DE SEVILLA

SOCIOLINGÜÍSTICA ANDALUZA 2

MATERIAL DE ENCUESTAS PARA EL ESTUDIO DEL
HABLA URBANA CULTA DE SEVILLA

Director: *Vidal Lamíquiz*
Editor: *Miguel Angel de Pineda*

Anales de la Universidad Hispalense   Publicaciones de la Universidad de Sevilla

Serie: Filosofía y Letras   núm. 75 - 1.983

Colaboran en esta publicación:

Excma. Diputación Provincial de Sevilla
Banco de Vizcaya en Sevilla

© MIGUEL ANGEL DE PINEDA
EDITA: SECRETARIADO DE PUBLICACIONES
      DE LA UNIVERSIDAD DE SEVILLA
IMPRIME: GRAFITRES, S.L. - UTRERA (SEVILLA)
CUBIERTA: LUIS ORS SIMON.
            SOBRE FOTO DE A. PALAU. IGLESIA DE SAN GIL
DEPOSITO LEGAL: SE - 391 - 1.983
I.S.B.N.: 84 - 7405 - 274 - 2

INDICE

PRESENTACION

Después de casi diez años, hoy por fin, se publican los textos del Habla Urbana de Sevilla —Nivel Culto—. En ningún momento de este dilatado período de tiempo, el estudio de este material quedó olvidado, incluso se han publicado ya algunos trabajos referidos a él (1).

Quien conozca la universidad española y su pobreza de medios en investigación, se explicará con facilidad, y tristeza, lo sucedido. Yo mismo, en mis últimos años de estudio universitario, participé en la elaboración de algunas de estas encuestas; y después, ya como profesor de este Departamento, pude ser testigo de los infructuosos intentos de nuestro director para obtener los recursos económicos que hicieran posible el llevar a cabo este ambicioso —sólo en lo científico— proyecto lingüístico.

Sin embargo, y aunque las ayudas nunca llegaron, siempre se contó con la dedicación generosa y el empeño ilusionado de los que estábamos convencidos de la necesidad de este estudio para el conocimiento, no sólo de la realidad sociolingüística sevillana sino también, y por contraste, de la complejidad lingüística del español.

Gracias a esto hoy podemos comprometernos a publicar, tras este volumen, el estudio estadístico contrastivo del léxico de estas encuestas y las correspondientes concordancias, ya casi en prensa; y continuar, muy en breve, con los estudios léxicos, morfosintácticos y fonemáticos.

1. Como queda explicado en el artículo del Director de la investigación, nuestro proyecto de estudio del Habla Urbana de Sevilla, en el aspecto del nivel culto, se encuadra en el PILEI, y esto determina el tipo de encuestas realizadas, así como los criterios para la selección de los informantes, según un estricto cuadro de especificaciones.

---

(1) Véase, por ejemplo, *Sociolingüística Andaluza 1*, Sevilla, PUS, 1982.

La metodología de la Sociolingüística actual y de la venerable Dialectología, han propuesto distintos tipos de encuestas lingüísticas que podemos resumir en dos: la encuesta dirigida, cuyo objeto suele ser recoger datos para el estudio de un fenómeno concreto, casi puntual (2), y la encuesta libre, con la que se pretende obtener una manifestación espontánea de la competencia lingüística del hablante entendida en su más amplio sentido, de forma que pueda realizarse sobre el texto obtenido los más diversos análisis (3). Sobre ambos tipos no se puede establecer un juicio de valor ya que, en todo caso, son complementarios, y en la mayor parte de las investigaciones es necesario recurrir a ambos. Pero sí es posible establecer una prioridad que favorece las encuestas libres y que son las previstas en el Proyecto Coordinado.

Tan importante como el tipo de encuesta es la selección del informante. Para ello se estableció una serie de requisitos que debían garantizar el que éste poseyera dos caracteres inexcusables: sevillano y culto. Así, la ficha de cada encuesta ofrece los siguientes datos:

—Lugar de nacimiento (necesariamente Sevilla).

—Edad.

—Lugar en que asistió a la escuela primaria.

—Lugar en que realizó el bachillerato.

—Tipo de enseñanza (en ambos casos).

—Estudios superiores.

—Profesión actual.

—Lugar de nacimiento de sus padres (preferiblemente sevillanos o andaluces).

---

(2) Para el estudio fonológico, por ejemplo, suele consistir en la lectura, por parte del informante, de listas de palabras o pares de palabras. Otro caso puede ser el de las preguntas designativas para la determinación del léxico.

(3) J. LINDENFELD o N. JORGENSEN defienden este tipo de encuestas especialmente para estudios sintácticos.

—Lugar de nacimiento de su mujer o marido.

—Si ha vivido fuera de Sevilla, ¿cuánto tiempo y dónde?.

—Viajes realizados.

Por otra parte, y para respetar el criterio de representatividad y proporcionalidad, se estableció que una muestra válida debía contar con veinticuatro informantes, y de ellos, doce serían hombres y otras doce mujeres, repartidos, en igual número, en tres generaciones: de menos de 30 años, entre 30 y 45 años y de más de 45 años. Es decir, se establecieron seis estratos en función de las variables generación y sexo, y cada uno de ellos comporta cuatro individuos.

En la selección sobre las cien encuestas realizadas inicialmente, tratamos de cuidar también una representación de los sectores geográficos de la ciudad. De tal forma que nuestros informantes definitivos nacieron y viven, o están arraigados, en los siguientes barrios: La Magdalena, El Salvador, San Lorenzo, El Arenal, Puerta de la Carne, Puerta de Carmona, Santa Catalina, La Macarena, La Candelaria, Triana, Santa Cruz, Nervión, Heliópolis y Los Remedios.

En cuanto a las profesiones u ocupaciones, están representados: estudiantes universitarios y de bachillerato, profesores universitarios y de enseñanza media, médicos, abogados, jueces, arquitectos, ingenieros, religiosos y escritores.

Con las instrucciones que se daba a los encuestadores se pretendía que la encuesta fuera lo más libre y espontánea posible, pero alrededor de una temática fijada, sin que ésta cohartara la abierta expresividad del informante. Los temas propuestos giran alrededor de la vida del informante, Sevilla y sus manifestaciones culturales, y los medios de comunicación.

El encuestado queda siempre en el anonimato, pero a través de la lectura de las encuestas se podrá descubrir importantes personajes de la vida sevillana que, en ocasiones, son improvisados cronistas de la reciente historia de nuestra ciudad.

2. Una vez realizada la entrevista, el mismo encuestador hacía una primera transcripción y posterior corrección de la misma. Y antes de ser codificada en soporte informático (4), un único corrector escuchaba y comprobaba la transcripción con el fin de unificar los criterios de puntuación. En este aspecto nos decidimos por utilizar un sistema de diacríticos lo más simple posible que a nuestro juicio facilitan un compromiso adecuado entre la perfecta interpretación de los textos y una sencilla fragmentación en enunciados para la obtención de las concordancias de cada palabra.

No se trata de una transcripción fonética ni fonológica sino ortográfica. Y no es que con ello se renuncie al estudio del plano de la expresión sino que pensamos que éste debe tomar como referencia el material magnetofónico directamente. Y para que esto fuera posible en las mejores condiciones se realizó la grabación de las encuestas mediante un magnetófono de alta calidad y en cintas de rollo.

Por último tenemos que decir que del texto original sólo se han considerado las primeras dos mil quinientas palabras, aproximadamente. El motivo de esta fragmentación es de carácter metodológico y está en función de los estudios estadísticos, que requieren, en su aspecto contrastivo, texto de longitud similar.

Miguel A. de Pineda

---

(4) En un primer momento la codificación se realizó sobre tarjetas perforadas. En la actualidad el soporte utilizado es cinta magnética de 1600 bpi, y disquettes de 5.25 pulgadas en doble densidad.

INTRODUCCION

TEORIA Y EMPIRISMO PARA UNA SOCIOLINGUISTICA

Vidal Lamíquiz

1. A pesar de todos nuestros pesares, el término de sociolingüística sigue siendo, de entrada, tremendamente impreciso. Y no puede extrañar puesto que el campo que abarca su contenido se sitúa en la compleja consideración del comportamiento del ser humano en la sociedad donde la interrelación de las diversas facetas que pueden contemplarse, hacen francamente difícil en la práctica un rígido trazado de frontera en una delimitación, siquiera metodológica, marcada con nitidez.

En efecto, nos encontramos inicialmente ante el inmenso macro-problema del hombre como ser social, cuyo complejo estudio admite y obliga a tan variados enfoques: cada uno de ellos queda entramado con los demás tan colindantes en la realidad global humana. La tarea específica que se intente, parcial siempre, dependerá del método adoptado y del objeto que se proponga como finalidad propia.

Ello obliga a exponer con clara precisión el marco de criterios seleccionados para el concreto trabajo investigador, sin ignorar otros posibles estudios aunque sólo sea para diferenciarlos tanto como sea posible.

2. Es obvio, pero quizá convenga precisarlo, como lingüistas partimos desde lo lingüístico. Y nos dirigimos a lo sociolingüístico: el lenguaje en la sociedad, la lengua en los estratos sociales. Nuestra tarea se encamina, pues, a la investigación sociolingüística como diagnóstico o índice de estructuración social (1).

---

(1) H. López Morales, "Hacia un concepto de la sociolingüística". *Revista Interamericana Review*, vol. II (1973), p. 481.

Queda implicado lo social pero no es lo sociológico la finalidad esencial pues esto equivaldría a invertir la jerarquía de esos dos elementos de interés y supondría no una lingüística sociológica sino una sociología del lenguaje que no pretendemos ahora.

Aunque también compete profundamente a lo humano, no nos adentramos por los derroteros de la psicolingüística, dominio donde, con criterios "a lo Chomsky" fuera de la problemática de la naturaleza social y de las funciones sociales de la lengua, el verdadero objeto no es la lengua sino la facultad del lenguaje concretada en la gramática adquirida por el hombre. También aquí se alcanzaría a dar vuelta al tema convirtiendo lo lingüístico en una rama de la psicología.

Tampoco buscamos inicialmente una etnolingüística que centra sus preocupaciones específicas en el estudio de la lengua en relación con la cultura del grupo social. En este caso la lengua adquiere un fuerte énfasis; mas no como fin sino como medio instrumental de idónea explotación para un proceso de recuperación de las señas de identidad en una búsqueda de las propias raíces culturales, lo cual deriva con facilidad en los aspectos de un nacionalismo social paralelo a un nacionalismo político (2) y puede desembocar en un narcisismo fosilizante o de cortos horizontes.

3. Insistimos en que, desde un punto de vista lingüístico, la sociolingüística se preocupa por el estudio de la variedad y de la variación del lenguaje en relación con la estructura social de las comunidades hablantes (3).

El criterio de variación del lenguaje nos coloca plenamente en la dinámica sociolingüística que incluye la dinámica del cambio, característica eminentemente humana como propia de todo lo que está vivo, ya que la vida imprescindiblemente implica un cambio permanente y constante, esporádicamente brusco, habitualmente lento por razones de la misma naturaleza y, en la lengua, a causa del servocontrol sistémico que no olvida la meta sociocomunicativa.

---

(2) J.M. Tortosa, *Política lingüística y lenguas minoritarias*. Madrid, Ed. Tecnos, 1982, p. 26.
(3) E. Coseriu, "La socio- y la etnolingüística: sus fundamentos y sus tareas". México, *Anuario de Letras*, vol. XIX (1981), p. 10.

En cuanto al rasgo de variedad del lenguaje, nos situamos en la realidad social de la lengua común definida como sistema de variedades (4). Es problema clave de la sociolingüística el hecho de la diversidad lingüística y las maneras en que ésta refleja la diversidad social (5), tema que no ha dejado de ser el punto esencial de la mirada lingüística sobre el uso real de la lengua en el grupo social y su manifestación de variantes en los estratos sociales. Porque, según ya se ha advertido, sería erróneo pensar que una comunidad lingüística es un grupo de hablantes que emplean las mismas formas (6). Con patente evidencia, la variabilidad de la actuación lingüística es algo indiscutible: el investigador se enfrenta a un diasistema. Estudiar el empleo que hacen los usuarios hablantes equivale a precisar la manipulación del diasistema por los individuos comunitarios de un grupo social estratificado; al estudiar el diasistema lingüístico se persigue la observación de la dimensión social del mismo (7). En definitiva, se trata de hallar el "style shifting" o modelo de variación de una comunidad lingüística y, con el desglose de las dimensiones particulares de los dominios de uso, llegar a formularlo con rigor como específico sistema de variedades de un determinado grupo sociolingüístico.

4. Observar la concreta variabilidad lingüística y deducir su transcendencia social constituye el objeto de nuestra investigación sociolingüística aplicada al Habla Urbana de Sevilla. Mas no debe pensarse que, ante la diversidad de actuaciones lingüísticas, nos encontramos ante una suma de diferencias. Porque la ciudad de Sevilla se establece sociolingüísticamente como una comunidad integrada por una misma actitud social ante la lengua, por unas comunes y peculiares creencias sociolingüísticas, por una jerarquía de prestigio establecido comunitariamente (8): un grupo sociolingüístico de hablantes, unificado por una similar evaluación de ciertos rasgos pero diversificado en una estratificación social que queda manifiesta a través de la concreta actuación lingüística de cada uno de sus componentes hablantes.

---

(4) J. Garmadi, *La sociolinguistique*. París, PUF, 1981, p. 55.

(5) H. López Morales, *op. cit.*, p. 482.

(6) W. Labov, *Sociolinguistic Patterns*. Philadelphia, University of Pennsylvania Press, 1973. Cito por la trad. francesa, *Sociolinguistique*. París, Ed. Minuit, 1976, p. 228.

(7) H. López Morales, *op. cit.*, p. 488.

(8) Véase nuestra *Sociolingüística andaluza 1*. Sevilla, PUS, 1982, especialmente la aportación de P. Carbonero, "Norma estándar y actitud sociolingüística", pp. 137-146.

De aquí proviene lo que una observación científica del Habla Urbana de Sevilla puede revelar. Y, en coherencia con el rigor de la investigación, la absoluta necesidad de una inicial documentación empírica de auténtica actuación lingüística de hablantes sevillanos, seleccionados en adecuado muestreo, con suficiente proporción cuantitativa y en idoneidad de representatividad diastrática: tal es el material textual de los informantes que ofrecemos en el "corpus" empírico de nuestras encuestas.

5. Nuestra investigación participa en el amplio proyecto del Estudio coordinado de la Norma lingüística Culta del Español hablado en las grandes ciudades de la Península y de Hispanoamérica, donde se analiza, con unicidad de criterios metodológicos, el Habla urbana de México, Bogotá, Lima, Caracas, Santiago de Chile, Buenos Aires y San Juan de Puerto Rico en América, así como Madrid y Sevilla en España. Puesto que los resultados tienen que ser contrastables, el aparato de nuestra metodología debe acomodarse, ya desde el momento de las previas encuestas de documentación, a las variables señaladas por el Programa Interamericano de Lingüística (PILEI). Consecuentemente, nuestro material empírico ofrece los siguientes condicionamientos o características.

Se trata de una actuación lingüística oral dialógica, recogida en vivo, directamente en una grabación magnética. Nuestro archivo de habla sevillana en cintas magnetofónicas es de obligada audición para la determinación de la norma fonética. La transcripción manual de cada grabación, realizada por el mismo encuestador respectivo, ha sido informatizada y almacenada en computadora (9) para la obtención automática de datos y parámetros imprescindibles para otros aspectos de estudio.

La variable tópica es extremadamente precisa: son informantes nacidos en la ciudad de Sevilla y preferentemente de padres sevillanos, y que han permanecido en ella al menos tres cuartas partes de su vida.

El nivel diastrático obligado es el nivel culto, entendiendo por tal informantes con estudios universitarios terminados, de lectura habitual diaria, con conocimientos de una segunda lengua y que han viajado al extranjero.

---

(9) Véase en este mismo volumen la presentación de M.A. de Pineda, miembro del equipo investigador que se ocupa de este aspecto.

La variable generacional diferenciadora queda delimitada en nuestro material de documentación por los 30 años y los 45. Es decir: llamamos de la primera generación a los informantes de menos de 30 años; en la segunda generación están comprendidos los sevillanos cultos de 30 a 45 años, y consideramos de la tercera generación a los informantes de mayor edad, con más de 45 años.

En cada generación se distingue la variable de sexo: varones y mujeres.

El texto documental empírico que ofrecemos es sincrónico actual, en una sincronía delimitada y precisa ya que todas nuestras encuestas han sido grabadas entre 1972 y 1973, o sea inmediatamente antes del nuevo régimen democrático (10).

La norma que se persigue establecer no es preceptiva sino descriptiva, aquella que se manifiesta espontáneamente en la variedad de la actuación lingüística de los usuarios cultos sevillanos.

6. En otro orden de criterios de nuestra estrategia metodológica, téngase además presente que, para mayor seguridad de genuina representatividad, esta muestra de veinticuatro encuestas que empleamos como base empírica, se ha seleccionado entre un centenar de grabaciones realizadas en ese nivel sociocultural urbano culto, cuidando siempre en nuestra elección de informantes la perfecta adecuación de cada uno al conjunto de variables requeridas en el proyecto coordinado internacional.

En cuanto a la proporcionalidad de la muestra que nos ocupa respecto al bloque sevillano culto total, señalaremos los siguientes datos (11). Según el último censo actualizado al 31-3-1982, la capital urbana de Sevilla cuenta con 640.465 habitantes. En la relación porcentual y absoluta de valores referentes a la escala de niveles de instrucción, los

---

(10) Este dato del entorno sociopolítico permitirá investigar ahora, en contraste con otra muestra actual similar, los cambios sociolingüísticos experimentados en una minidiacronía en función de la dinámica social.

(11) Conste nuestro sincero agradecimiento a don Alfonso Morillo de la Delegación de Estadística del Excmo. Ayuntamiento sevillano, que tan amablemente nos ha proporcionado estos datos tan importantes para nuestro trabajo.

titulados superiores que ahora nos interesan, son 23.074 que corresponden a un 3.60 % de los sevillanos, cifras bastante similares a las de otras regiones españolas (12). Es decir, nuestra muestra documental de veinticuatro informantes ofrece una proporción de un informante encuestado por cada mil habitantes sevillanos de su mismo nivel socio-cultural, muestra que consideramos perfectamente aceptable en nuestra metodología.

Finalmente, sólo nos resta agradecer a los sevillanos informantes que nos han proporcionado en vivo un retazo de su sevillanía; y a todos los encuestadores que con rigor, paciencia y generosidad han desempeñado las tareas de recogida de este tan valioso material lingüístico.

---

(12) Cfr. J.M. Tortosa, op. cit., p. 61.

ENCUESTA: C 1 V 1.

EDAD: 27 Años.

PROFESION: Médico.

—Bueno, estos son los datos iniciales. Bueno, podemos hablar un poco de ... . Aunque tú siempre has vivido en el centro, primero la Magdalena y después aquí ... . De los barrios de Sevilla, no?. ¿Tiene una fisonomía distinta, tal vez, el barrio de la Magdalena de éste, o no?.

—Se parecen mucho. Este barrio es quizás más peculiar porque ... . Se caracteriza porque las personas que viven en él son las que lo habitan normalmente y las que transitan por sus calles, excepto los viernes, que hay una gran afluencia a la plaza de San Lorenzo exclusivamente por esta devoción al Gran Poder que es tradicional. Y sin embargo quizás la Magdalena más que barrio es el centro de Sevilla.

—Sí.

—Un poco como hacen algunas agencias publicitarias, "el corazón de Sevilla", o sea, que vienen todos los de Sevilla y su provincia, de los pueblos, pues a las tiendas y a los grandes comercios. Vienen a Sevilla a transitar por ella. Por tanto la Magdalena quizás sea el menos peculiar de los barrios de Sevilla porque reúne las características de todos ellos, y de toda la ʳovincia.

ⁿeno, aquí con esta vecindad del Gran Poder me sugiere una pregunta, y es sobre la as cofradías, etcétera. ¿Tú eres del , tal vez?.

3

—Sí. No, no soy. Yo soy hermano de dos cofradías: de la Virgen del Valle y de la de la Buena Muerte, el Cristo de la Buena Muerte de los Estudiantes. Y sin embargo el niño se ha bautizado en el Gran Poder. O sea, por vivir ya en este barrio y considerar que en el futuro seguiremos por aquí. Por ahora.

—Sí. ¿Y pensáis hacerlo más adelante del Gran Poder?.

—Posiblemente sí. Quizás lo hagamos del Gran Poder. Sí.

—Y tú, de las dos cofradías a las que perteneces, ¿sales en las dos?.

—Sí. Pues hasta hace dos años he estado, o tres años, he estado saliendo, primero, antes en las dos, y últimamente sólo en la del Valle, que era en la que llevo más años siendo hermano, desde los siete años, o sea, veinte años. Pero ahora estos últimos años no he salido, por distintas circunstancias. Pero es posible que vuelva a salir más adelante.

—En la cofradía del Valle teníais la vinculación del barrio, no?.

—Sí.

—El barrio de la Magdalena ... .

—Eso es. Es que antes estaba ... . Cuando vivíamos en la plaza de la Magdalena precisamente. Era la calle Rioja, o sea, a cien metros prácticamente de casa era donde estaba la Virgen del Valle, o sea, la iglesia del Angel. Ahora ha pasado a la antigua universidad, a la calle Laraña, y de todas maneras sigue estando muy cerca de aquí del barrio de San Lorenzo.

—Sí. Bueno, pasada la Semana Santa vienen las fiestas de feria. Se suele decir tradicionalmente que aquellos que en Semana Santa se arrepienten de su vida pasada, etcétera, después, en feria, lo

4

pasan bien, no?. Quiere decir que en Sevilla la devoción y el pasarlo bien están tan unidos. Yo a casi todos los que he encuestado les he preguntado que qué les gusta más, o qué les parece más castizo, la Semana Santa o la Feria. ¿Tú qué me dirías a esto?.

—Pues quizás la Semana Santa de Sevilla, aunque es distinta a la de las demás, porque tiene una serie de características y peculiaridades que la separan, pues, tiene muchos puntos en común con la de las otras ciudades, o sea, con la de Málaga o con la de Valladolid, sin parecerse. O sea, pero un fundamento tiene. Son los mismos días. Está basado en rememorar unos hechos, unos acontecimientos de la pasión de Cristo. O sea, tienen muchos puntos comunes. Sin embargo yo creo que la Feria es totalmente distinta de las demás fiestas típicas. Dentro de que la humanidad se divierte del mismo modo, pero tiene unas características distintas. O sea, es un modo de comportarse y de ser que aunque pueda recordar o parecerse a la feria de Jerez, pero en realidad todas estas que ... . De Córdoba, o de Jerez o la Feria de Sevilla. O sea, que quizás sea más diferencial de Sevilla y más característica la Feria que la Semana Santa, dentro de que la Semana Santa es mucho más antigua, claro.

—Sí. ¿Tú has estado alguna vez en la feria de Jerez, tal vez, ¿o es por referencias?.

—Pues no, no, es por referencias. O sea, es por referencias y por las películas y documentales.

—Sí. ¿De ordinario te gusta estar aquí en Sevilla durante la Feria?.

—Sí, sí. Me gusta durante la Feria y durante la Semana Santa, lo que más me gusta.

—También. No perdértela en lo posible no?.

—Eso es.

—Bien. Y aunque tal vez no hayas estado en las

fiestas típicas de otras poblaciones, sin embargo habrás visto otras poblaciones de España. Entonces, ¿cuál de las ciudades que has visto se te ha quedado más grabada, como de un recuerdo más grato?.

—Pues quizás ... . No sé ahora mismo. Pues, Cádiz me ha gustado mucho, me gusta Córdoba también, por su estilo. Ya ascendiendo hacia el norte, pues Toledo es una ciudad muy completa y Madrid es una ciudad que no me gusta nada más que para pasar unos días, por el exceso de movimiento, de circulación, por el agobio que supone. Barcelona me gusta mucho como ciudad grande, o sea, como ciudad organizada dentro de lo que cabe. Y yo creo que esas son las que más me gustan.

—Sí. Claro, has mencionado varias ciudades muy distintas, no?, con características muy distintas.

—Sí, sí, sí.

—Yo supongo que de cada una de ellas te gustará algo distinto, es decir, que no te puede gustar Barcelona por la misma razón que Toledo, por ejemplo.

—No, no, no. Indiscutiblemente no, no.

—Ya.

—O sea, Barcelona es como una ciudad un poco como metrópoli, más que ciudad. Como gran ciudad algo agobiante, pero menos que Madrid, y organizada dentro de su gran magnitud. Por ejemplo, Toledo es la ciudad tranquila, con grandes obras de arte muy bien colocadas y muy bien distribuídas. Cádiz, por ejemplo, pues me gusta pues la alegría, la luz que tiene, el modo de ser del pueblo gaditano, la gente, el modo de comportarse y de ser. Y Córdoba, pues, es un poco más del estilo árabe, que todavía se respira, por lo musulmán, por las calles y por los barrios típicos. O sea, cada una tiene una característica distinta. Aunque sea una ciudad pequeña, Santiago de Compostela, por ejemplo, pues, es también distinta o sea, se está viviendo en otra época prácticamente.

—Sí. ¿y te gustaría vivir en alguna de estas ciudades?.

—Sí. Pues más que en Sevilla, no. O sea, más que ninguna me preferiría vivir en Sevilla. Pero en caso de tener que vivir, pues sí. Yo creo que me adaptaría a cualquiera de ellas, cada una en un estilo, sí.

—Menos a Madrid, tal vez, no?.

—Menos a Madrid. Madrid mientras pudiera, en caso de ser necesario también me iría a Madrid, pero mientras pudiera, lo evitaría.

—Sí. Bien. Bueno, una cosa importante para personas que, como nosotros ahora conducimos coches, son las comunicaciones. Ahora tenemos la nueva autopista, de Sevilla a Cádiz. Y tal vez Barcelona te guste también por eso, no?, por las buenas comunicaciones y las buenas autopistas que hay por allí. ¿O no?.

—Sí. Pues tiene ... . Bueno, ahora mismo todavía se está construyendo de Barcelona a Zaragoza, porque ahora es terrible ir. Sobre todo Barcelona a Lérida es espantoso por la cantidad de tráfico que tiene, la densidad y además por el gran tonelaje. Enorme cantidad de camiones y autobuses que hacen lentísimo ... . Pero desde luego se circula bien. O sea, que está mucho más costeada España de Madrid hacia arriba, en cuestiones de carreteras, que hacia abajo. Aunque ahora tenemos la gran ventaja de la autopista a Cádiz que ha puesto a ... . De aquí a Cádiz se llega en menos de una hora, pero desde luego en una hora prácticamente.

—Sí.

—O sea, que eso es una gran ventaja. Porque claro, las carreteras como son la de Sevilla a Huelva, pues, hacen que sufra uno terriblemente cuando tiene que utilizarla a menudo.

7

—¿Has tenido ocasión de probar la autopista, como se suele decir, "voy a probar la autopista"?.

—Sí. Pues, primero fuimos a probarla un día, solamente por probarla, a Jerez, cuando estaba recien ... . Todavía no estaba inaugurada del todo, sino en algunos tramos ... . A Jerez, y después nos acercamos a Cádiz, y últimamente ya por la autopista entera tuvimos que ir a una reunión de Pediatría, en el Puerto de Santa María, y ya la probamos y la disfrutamos entera. Sí, ya.

—Sí. ¿Te parece que sería una gran ventaja, por ejemplo, que de Sevilla a Madrid todo fuera autopista?.

—Sí, sí. Sería un gran adelanto, porque reduciría mucho los desplazamientos por carretera. Aunque haya que usar cada vez más el avión en los viajes rápidos, pero siempre es preferible si se puede, ir más sereno por carretera y con menos riesgo.

—Sí. ¿No crees que sería un poco aburrido de aquí a Madrid todo por autopista?.

—Sí, bueno, pero siguiendo la técnica actual de hacer unas curvas suaves para evitar que sea totalmente recto, como ocurre en la Mancha, por ejemplo, pues no sé, quizás pueda distraerse, vamos, no hacerse demasiado aburrido.

—Bien, bueno, hablando de carreteras, vamos a hablar también de coches, no?. Casi todo el mundo, opina que su coche, pues, es tal vez el más rentable, y el que mejor resultado da. Sin embargo también todo el mundo tiene cierto ideal de coche, al que por el consumo todavía no ha llegado. ¿Me puedes hablar un poco de esto?.

—Sí. Bueno, yo tengo un "R-ocho", o sea, un Renault Ocho y es un coche que me gusta porque está dentro de mis posibilidades. O sea, que efectivamente es económico, como tú dices, y que cumple todos mis cometidos. Lo que yo necesito, que es para circular por la calle, para callejear mucho,

ue se ha visto, volverlos a ver y volver a evocar
odos los recuerdos.

—Sí. Eso es una afición muy bonita, desde luego, y
y entretenida, debe ser, no?.

Eso, sí, sí, es entretenida porque supone mucho
mpo. Claro, es cara que es lo que dice todo el
do, "una afición cara", pero depende de lo que se
ice, o sea, que si se hacen muchas películas
idas es muy cara. Si se hace, pues, cuando va
de excursión a una ciudad, o un sitio se hacen
as escenas, pues, cuando se tiene un niño,
as películas y después en los momentos críticos
vida, o en el ... . Pues no es tan cara, o
ue no es excesivamente cara.

Ahora con el niño tendrás muchas
idades de hacer películas graciosas.

hora este mes llevo haciendo muchas, y tengo
, sí, ir haciendo ... . No es un momento

ueno, según el conocido slogan este de que
ayuda a triunfar", no?, ¿tú tienes afición
tura, también?.

usta, me gusta mucho leer, sí.

po de lecturas?.

 mucho. Aparte del estudio, o sea, de
el estudio completo, aprendiendo temas,
... .

cina.

te de medicina por ir aprendiendo y
, pues me gusta leer literatura,
mentalmente historia contemporánea,
años de la historia de España y de
te siglo de historia de España. Sí.
rte o de literatura clásica casi más

con esto de los avisos domiciliarios. Y por otra
parte, pues, sirve para ir por carretera
cómodamente, a una velocidad aceptable. Claro, por
supuesto que siempre afortunadamente tiene uno
ideales porque si no, se habría terminado el mundo.
O sea ... .

—Claro.

—El día que deje uno de tener nuevas aspiraciones,
y nuevas perspectivas, ha terminado uno. Y, claro,
pues hay, sí, coches que interesan y que, por
ejemplo, dentro del mismo Renault, pues el "R-doce"
que es un poco mayor y más cómodo, pues, es uno de
los que pienso adquirir en un futuro más o menos
lejano, o próximo. Pero, ya en el momento que los
coches empiezan a ser grandes, tienen la incomodidad
del andar por estos barrios tan ... . Con estas
calles tan estrechas, de estas clásicas.

—Sí. El hecho de cambiar de coche, ¿tú crees que
se debe al hecho de que aumenta la familia,
primariamente?, ¿o tal vez al hecho de que el coche
está viejo, y por eso se cambia?.

—Pues puede deberse a dos factores. O sea, hay
veces que ya las necesidades que tenía uno con un
modelo, pues, no cubre las necesidades siguientes,
al cabo de los cuatro o cinco años, o tres años y
por eso, pues, tiene uno que ir ascendiendo de
coche, vamos, en tamaño, y en modelo. Pero hay veces
que yo creo que se hace también quizás un poco por
variar. Ya cuando el coche ha llegado a cierta
vejez, por ir aumentando un poco socialmente, y
otras veces por otra parte, pues, sigue uno
conservando el mismo modelo, si ha dado buen
resultado y sigue teniendo las mismas
características que cuando compré el primero. O sea,
el que tienes. Sí.

—Y los coches furgoneta, ¿te parecen prácticos
para la vida familiar?.

—Sí, yo creo que sí. O sea, yo creo que el que
utilice fundamentalmente el coche para

desplazamientos los domingos, o sea, con la familia casi siempre, para ir a alguna casa de campo, o a playas, o a sitios en la sierra, a apartamentos o chalets, yo creo que, y siempre con familia si no numerosa, por lo menos abundante, pues, es aconsejable el coche furgoneta.

-Y, ¿no es tal vez antiestético, no?, el ir a una reunión de amigos, o a un congreso de médicos con un coche furgoneta?.

-Sí, puede ser. O sea, por eso normalmente el que tiene mucha familia, y tiene una situación desahogada, pues, suele tener entonces a lo mejor otro coche que no sea furgoneta, o que no sea familiar para estas pequeñas cosas, para andar por las calles o para ir a alguna reunión o esto, y poderlo aparcar fácilmente. Porque el coche furgoneta necesita un espacio también para aparcar que no siempre se encuentra.

-Sí. Bueno, tú ¿tienes alguna anécdota que contar, a propósito de coches?. Sobre tu experiencia de conductor, diríamos.

-Probablemente tendré muchas, pero ahora mismo no. No recuerdo en este momento ninguna así que destaque de las demás.

-¿Alguna vez te han abollado una aleta o te han hecho algún roce en el coche?.

-Sí, sí, sí. Sí, de eso me han hecho muchas. Quizás una, cuando todavía no usaba el coche mío, sino el de mi padre, fue quizás la más desgraciada y molesta. Estando parado, el que una furgoneta que estaba delante, salió a gran velocidad a estrellarse contra, con su trasera, la parte delantera del mío. Y resulta que el muchacho que la estaba manejando no tenía carnet de conducir ni sabía conducir. O sea, que fue instantáneo. Antes de irme a bajar del coche ya lo había destrozado y hundido y además con el agravante de no ser mío, o sea, de tener después que dar a mi padre la noticia desagradable, pues, de que me habían hundido medio coche. Sí.

-Bien. Bueno, suele decirse que el gran "hobby" del hombre, no?. Sin emb aficiones, que cada uno cultiva parti tienes, así, alguna afición que libres?.

-Sí, sí. Tengo, pero no una sola creo que casi siempre, como casi unas veces me dedico más a una Últimamente, lo que estoy má amateur, a la cinematografía de milímetros pero también me gus y la botánica, y me gusta, también eso, pues, pasear excursiones a sitios fundamentalmente el cine y la vez que el cine, y la j

-Sí.

-Dedicarme, sí.

-Y esta afición de cultivas haciendo revelándolas, o sim fotos?.

-Por temporadas haciéndola, y película es en c sólo se revel encuentro un g recibida la montar, a re gustan quita al que fuer guión y que ya est se vuelv retocar, sonora, sonori grande atracc sirve desp

ENCUESTA: C 1 V 2.

EDAD: 21 Años.

PROFESION: Estudiante de F. y Letras.

—¿Cómo te llamas, y dónde naciste?.

—Pedro. Nací en Sevilla, Sevilla capital, aunque no siempre he vivido en el mismo sitio, es decir, en diversas partes de la ciudad, pero siempre sin salir de la misma. Nací en diciembre de 1.951. Naturalmente en los primeros años de la escuela asistí a diversos puntos, diversos lugares más o menos interesantes donde empecé a leer, a aprender a leer y escribir, hasta que pronto empecé a estudiar ya el bachillerato en una escuela, que es la Escuela Francesa, que se encuentra en la calle Abades, precisamente en la parte de la Puerta de la Carne, aquí en Sevilla. Bueno en cuanto a mis padres, el nombre de mi padre es Francisco, el de mi madre Dolores y ninguno de ellos son naturales de Sevilla. Mi padre es natural de un pueblo, de un pueblecito de la provincia de Málaga, que se llama Sierra Yegua, bueno, Sierra de Yegua, Sierra Yegua es como le dicen allí. Y mi madre de un pueblo cercano de allí, de la provincia de Sevilla, que es Casariches que se encuentra cerca del límite, ya en la provincia de Córdoba, junto a Puente Genil y otros pueblos de allí un poco más conocidos.

—¿Y cuándo se vinieron ellos aquí?.

—Bueno, mis padres se vinieron, se puede decir que en su juventud, a los veinte años aproximadamente, a vivir a Sevilla, de modo que ya, en la mayor parte de su vida la han llevado aquí, en Sevilla capital, aunque naturalmente permanece en ellos un poco el recuerdo de esos primeros años. De modo que ya estaban ellos aquí cuando nací. Y en cuanto a mi familia, tengo algunos hermanos y hermanas, pero prácticamente ya todos estan casados, entonces, actualmente soy hijo único, en cuanto el hijo que queda con los padres.

Siguiendo con lo que estaba hablando un poco, sobre mis primeros días en el colegio y en el bachillerato, empecé a estudiar en un colegio por Nervión, en un lugar donde tuvo mi familia que ir a vivir y pasé de allí, desde ese colegio, a otro colegio también cercano, por aquella zona, puesto que aunque nací en la Puerta de la Carne pronto me fui a vivir al Cerro del Águila, una barriada ya más externa en la ciudad, y a otro, y por último, en el lugar donde vivo actualmente que es la barriada de la Candelaria, cerca de Nervión. Estudié el bachillerato en, como he dicho antes, en la Escuela Francesa y estuve allí estudiando prácticamente todo, excepto el primer curso que lo había hecho anteriormente en un colegio de Nervión. Luego, naturalmente, después de terminar el bachillerato, me pasé, pasé a los estudios del preu y de la universidad donde me encuentro actualmente.

–¿Qué vas a hacer cuando termines?.

–Luego, en cuanto que termine los estudios, precisamente este año, a ser posible, todavía no tengo previsto de una manera definitiva lo que voy a hacer, porque en realidad lo que ocurre es que hay muchas más pretensiones de lo que se puede hacer, puesto que, podría hacer varias cosas y aún no me he decidido por la definitiva. Una de las cosas sería naturalmente irme al extranjero porque es necesario, naturalmente para nuestra especialidad, sobre todo, y naturalmente que fuera a un país o de habla francesa o de habla inglesa, o uno u otro o los dos, naturalmente, o uno después de otro para perfeccionar la lengua de cada uno de estos idiomas ya que es la que hemos estudiado aquí en la especialidad y que sería conveniente perfeccionarla. Y, en fin, tener además, aparte del interés lingüístico, un conocimiento general de la gente de otros paises que no son el nuestro.

—Cuenta algo de Sevilla.

—Bueno, voy a hablar un poco de las cosas, de mi opinión acerca de lo que es Sevilla, ya que prácticamente todo el tiempo he vivido aquí en la ciudad, he salido sólo simplemente en algunas ocasiones, de manera no permanente sino para vacaciones, algunos meses, en otros lugares de España, no he salido nunca al extranjero pero sí he estado prácticamente en todos los puntos de España. Pero siempre estas salidas han sido de una duración pequeña relativamente, de varios meses, para luego la vida normal llevarla siempre aquí en Sevilla. Sevilla si se desprende uno un poco de los tópicos, tiene de todo, se puede decir que, tiene cosas buenas y cosas malas, como ocurre, naturalmente en todas, en todas las ciudades, claro. No obstante una persona que ha vivido como yo siempre en Sevilla es natural que le tenga un cierto afecto y la considere, naturalmente, de una manera subjetiva, la considere como algo especial referente a todo lo demás. Yo recuerdo, precisamente, a este respecto, cuando pequeño, que normalmente en los veranos salíamos fuera la familia, o, en fin, íbamos a salir a pasar las vacaciones en otros lugares de España, tenía de siempre una emoción especial en el momento cuando volvíamos de las vacaciones y ya nos encontrábamos cerca, en la entrada de la ciudad, parecía como que llegaba algo, algo mío que se me había perdido, en fin, siempre tenía ... . Recuerdo aquello como una cosa, una cosa que sentía siempre en el momento en que regresábamos y encontrábamos nuestra ciudad.

—¿Qué es lo que más te gusta de Sevilla?.

—Bueno, en Sevilla hay muchas cosas que me gustan, pero también hay que ver otras que disgustan, es lógico. Desde el punto de vista general en Sevilla se puede decir que una de las cosas que me gustan es la gente. En realidad, la gente que ... . Esto es decirlo de una manera muy abstracta, porque hay gente para todos los gustos como se suele decir, no obstante, de una manera general, como digo, parece ser ... . He comprobado el carácter, la manera de

17

ser de otros de otras ciudades, de otra gente, de
puntos diferentes de España, y naturalmente, no sé
si será porque estoy más compenetrado con el
ambiente y con la manera de ser de aquí. Lo que más
me gusta, así, en general, es el temperamento de las
personas. También no se puede negar que en cuanto a
la ciudad, desde el punto de vista, se puede decir
típico, artístico, tiene muchas cosas que ver, pero
puede ser, parece ser como que el que se encuentra
aquí en Sevilla, es decir el que ha nacido en ella
es el que menos, no, no se puede decir admira, pero
es el que menos toma en cuenta cuáles son los
valores de este tipo que existen aquí, en nuestra
ciudad. De ahí el hecho este que se dice que puede
parecer tópico, pero quizás cierto: que el turista
es el que hace al sevillano y el que descubre al
sevillano las cosas que tiene en realidad de bonitas
desde el punto de vista tanto artístico, cultural.
En fin, el paisaje. Se podía decir, así, el paisaje
general de la ciudad. Yo recuerdo, que también
respecto a esto he estado, cuando yo estudiaba
bachillerato en la Escuela Francesa, eso está muy
cerca, al lado de la catedral y de la Giralda, yo
tenía que pasar diariamente por la Giralda y por la
catedral puesto que era mi lugar de tránsito para
entrar y salir y volver a casa, y sin embargo hasta
el cabo de muchos años, un día, saliendo con otro
compañero no llegué a percatarme de que estaba
pasando, precisamente, ante la Giralda, que no era
una cosa así cualquiera, sino que era una maravilla,
que muchas personas del mundo, precisamente,
estaban, intentaban ver aquel monumento, aquel
edificio en plena realidad. Sin embargo nosotros
pasábamos al pie de la Giralda, al lado de la
catedral diariamente y no se nos antojaba siquiera
mirar hacia arriba, porque resultaba algo tan
familiar que mirábamos hacia la Giralda como si
podíamos haber mirado el piso de enfrente, que no
tiene valor ninguno. Por eso, eso son cosas que
ocurren en ocaciones, que cuando uno menos se espera
se ha dado cuenta de que ha ido pasándose
desapercibido de muchas cosas que en realidad tienen
su importancia y que no se da uno cuenta de ello
hasta un momento determinado, sea por la razón que
sea.

-¿De la Semana Santa y de la Feria qué piensas?.

-En cuanto a las, se puede decir a las festividades que celebra Sevilla, naturalmente se pueden ... . Las dos actividades festivas más importantes son la Semana Santa y la Feria. Son dos cosas diferentes pero completamente compenetradas. Pueden parecer que si el espíritu del sevillano es apto para la clase de festejo que significa la Feria podía ser una contradicción el hecho de que la Semana Santa tuviese una enorme importancia en el ... . Ya no desde el punto de vista turístico, que esto en realidad, para mi punto de vista, es algo todavía algo secundario, naturalmente si ... . El punto de vista turístico también, mirándolo en lo económico, como ocurre hoy en día en todos los aspectos de la vida, tiene su importancia y es tomado ... . Y se le toma su interés. Pero ya desde el punto de vista del pueblo mismo, de la gente de Sevilla, la Semana Santa penetra en su interior tanto como la Feria. Pero aunque externamente pueda parecer dos cosas diversas. En realidad, en cuanto la concepción que se puede tener de la Semana Santa hay que distinguir, según la clase de gente, lo que para cada uno significa esto. Que siempre se ha discutido mucho el sentido que se ha dado a la Semana Santa, si es una cosa que se lleva bien, o es una manera, se puede decir religiosa entre la gente, y sin embargo es simplemente un motivo de festejo para descansar, o para divertirse. Naturalmente no se puede negar que haya de todo, que como he dicho, de una manera general no se puede nunca intentar decir los casos concretos que existen, pero también existe, y yo creo que es la mayoria, que entendían la Semana Santa desde el punto de vista verdadero. Pero teniendo en cuenta que para mí verdadero significa mezcla del espíritu religioso y del espíritu castizo o popular que pueda tener esto. Lo que no se contradice.

Desde mi punto de vista personal la Semana Santa, personalmente, es ... Me es más agradable que la Feria. La Feria también tiene, naturalmente ... . Para mí es una cosa esencial de Sevilla y ya digo, lo mismo la Semana Santa que la Feria hay muchas maneras de enfocarla según el indivíduo, según los grupos sociales, en fin. Y las dos tienen su importancia, desde el punto de vista general, en el espíritu del pueblo. la Semana Santa ya se sabe más o menos en qué consiste, se puede decir que desde el Domingo de Ramos hasta el Sábado Santo existe una serie de cofradías, hermandades, que desfilan, salen cada una del lugar correspondiente donde se encuentran asentada la hermandad, en diversos puntos, diversas parroquias de la capital, y todas se dirigen hacia la catedral para hacer estación de penitencia allí. Y saliendo de la catedral vuelven a dirigirse a su templo. Pero, me parece a mí que a pesar de lo que yo pueda describirlo, tampoco es mi intención describirlo porque hay tantas cosas que decir y tanto se puede hablar de la Semana Santa. Esto hay que verlo. La Semana Santa de Sevilla para comprenderla hay que verla, si no, no se puede saber lo que es. Con ese .... . La gente está recubierta de una emoción especial, de un espíritu diferente. Ya digo que puede ... Que es muy difícil separar lo religioso, lo castizo, lo humano. Es muy difícil separarlo y naturalmente la palabra que le convendría sería que es algo auténtico, eso sí, para todo el mundo.

-¿Tú no crees que ha perdido algo de su sentido la Semana Santa aquí en Sevilla, en la gente joven sobre todo?.

-Bueno, lo que he dicho antes puede .... . De una manera particular pueden encontrarse casos en que sí, en que la Semana Santa haya perdido su sentido; de una manera general, para el sevillano no. Creo yo. Para el sevillano, para el joven incluso, la Semana Santa sigue siendo una cosa importante, que se toma en su sentido. En este sentido que he dicho, no se podría decir tampoco, en sentido transcendental, pero sí es un motivo para un festejo religioso y a la vez popular. Al sevillano continúa gustándole, al joven sevillano le continúa gustando ir a ver los pasos, como se suele decir, a ver las cofradías. Continúa gustándole ver la Virgen cuando la mecen y emocionarse y derramar lágrimas, como lo hemos visto, cantándole una saeta a la Virgen, en fin, continúa cansándose durante toda una semana, yendo detrás de los pasos que uno quiere. Todavía se ve el ejemplo claro de esto en que el número de nazarenos, es decir de penitentes que salen con sus capuchas a defilar delante de los pasos en las diferentes cofradías, el número aumenta, no?, y precisamente el joven sevillano es el que sale en una cofradía porque el hombre mayor, pues sí, a lo mejor pertenece a la hermandad pero, naturalmente, no tiene ya o ganas o fuerza física para ponerse durante siete u ocho horas a desfilar delante de un paso. Sin embargo el joven sí. Yo creo que en realidad la Semana Santa aunque tiene mucho arraigo tradicional y la gente, naturalmente la gente mayor, continúa siendo unos adeptos enormes de la Semana Santa, sin embargo el que constituye la Semana Santa en Sevilla hoy en día como, naturalmente el que constituye todo, toda actividad, es la juventud, es el joven en realidad el que se toma esto en serio y el que hace precisamente, que las cosas vayan hacia delante.

—¿Tú eres de alguna cofradía?.

—Sí, soy de una cofradía que está ubicada allí, en la Puerta de la Carne, precisamente en la barriada donde nací. De la cofradía de Nuestra Señora de la Candelaria, que está en la parroquia de San Nicolás de Bari.

—¿Cómo está organizada una cofradía?.

—Bueno, una cofradía, en realidad, puede verse en su aspecto externo. Significa una serie de señores que están, se podía decir en este sentido, apuntados a un determinado grupo que constituye una hermandad religiosa y que todos los años se visten con su capucha, su capirote y su túnica y salen a desfilar delante de las imágenes. Pero en realidad esto es algo más, es decir, esto es simplemente el aspecto externo de la Semana Santa, pero la hermandad, cualquier hermandad en Sevilla sigue funcionando durante todo el año. Bueno, en esto habría que especificar que sigue funcionando pero hay de todo, es decir, hay una serie de gente por las cuales la

hermandad sigue funcionando aunque también hay el
que se desentiende y que como también he dicho, como
casos particulares puede existir, el que solamente
sale por el aspecto, que se podría decir exótico,
que tiene eso de vestirse una vez al año con una
capucha y salir desfilando. Sobre todo para el
joven. Pero eso normalmente se da un poco quizás con
el niño que todavía no comprende su sentido, un
sentido mayor de esto y simplemente siente gusto,
placer, por salir así vestido de nazareno, como se
dice, delante de la cofradía, pero normalmente, es
decir, de una manera general y entre los componentes
de la hermandad sigue constituyéndola durante todo
el año. Y, entonces, toda hermandad tiene sus
actividades, actividades que pueden ser tanto de
tipo religioso, naturalmente, concelebraciones de
sus quinarios, de sus triduos y todo eso.
Precisamente en la hermandad de la Candelaria
celebra, hace poco celebró, en el mes de febrero, al
principio, celebró la fiesta, precisamente de la
Virgen de la Candelaria. Y además hay actividades de
otro tipo, ya no típicamente religiosa pero que
también sirven para unir a todos los componentes de
la hermandad, naturalmente. Hay un equipo de fútbol
de la hermandad, hay un salón de la hermandad para
reuniones, para tanto reuniones oficiales como para
reunirse, pero particularmente, entre los mismos
cofrades, entre los mismos hermanos y charlar, en
fin, tener los mismos cofrades, entre los mismos
hermanos y charlar, en fin, tener contacto entre sí
y ver, ir viendo como funciona la cosa, como va la
hermandad hacia adelante. En la hermandad, luego,
desde el punto de vista de la organización existe
toda una jerarquía, naturalmente: el cuerpo
administrativo que es donde está el hermano mayor,
el mayordomo, el secretario, en fin, eso es lo que
existe en cualquier organización de cualquier tipo.

-¿Hay choques entre unas hermandades y otras o
no?.

-Normalmente se puede decir que hay una rivalidad
tradicional, sobre todo entre las hermandades de
Sevilla, entre dos hermandades, quizás las más
importantes que sale, las dos que salen, bueno, dos

de las que salen durante la madrugada del Viernes
Santo que son la de la Esperanza de la Macarena y la
Esperanza de Triana. Pero esta rivalidad es
puramente una rivalidad yo creo que positiva. Bueno
positiva hasta cierto punto, tampoco quiero ... .
También hay que ver las cosas en todas sus facetas.
Pero no se trata de una rivalidad en donde, desde un
punto de vista profundo, una hermandad le haga la
vida imposible a la otra, sino que es una rivalidad
competitiva que precisamente contribuye, a mi punto
de vista, a aumentar el fervor, se puede decir que
exista, entre los partidarios de una y de otra. No
quiere decir esto que los que sean partidarios de
una Virgen, pues entonces, detesten a la otra ni al
contrario, simplemente se trata de dos hermandades,
en donde, las dos tienen un fervor enorme a la
Virgen y precisamente por ese fervor enorme cada una
quiere tener en sí la prioridad de ser aquella que
rinda mejor el culto a esa Virgen. De cualquier
manera. Bien sea meciéndola durante la salida y el
desfile de la Semana Santa, durante ese Viernes
Santo, haciéndole culto de todo tipo, con saetas,
con piropos. Es decir, que no se trata de una
rivalidad de echar abajo una a la otra, sino
simplemente son dos maneras, no dos maneras, sino
simplemente dos grupos que tratan de adorar, y de,
se puede decir, de venerar a la Virgen y quieren
cada una tener en sí su prioridad en hacerlo. Desde
luego, que rivalidades existen naturalmente, puesto
que, se puede decir, también en algunas ocasiones,
se desvirtúa y desde un punto de vista superficial
puede parecer que sería una cosa negativa, pero en
realidad, es lo que contribuye para que el pueblo
siga pensando en la Semana Santa y en que, en fin,
este deseo de querer a la Virgen y en general ser
amante aquí en Sevilla.

ENCUESTA: C 1 V 3.

EDAD: 23 Años.

PROFESION: Profesor de Universidad.

-¿A qué te dedicas tú?.

-Bueno, ayudante con exclusiva de la cátedra de Griego. Como tengo realizada la tesina me dedico a hacer la tesis doctoral y un artículo que ahora voy a publicar.

-¿Qué piensas hacer en el futuro?.

-¿En el futuro próximo?. Pues lo más próximo, lo más próxio, es terminar la tesis. Es lo fundamental para mí. Después ya, Dios sabe.

-Habla en general de tu vida en Sevilla.

-No, o sea, yo estoy acomodado a Sevilla, porque siempre he vivido aquí y, en fin, es una ciudad que me gusta, una ciudad que, en fin, que está ... . Quizás se menosprecie un poco cuando se está aquí, no?, pero una vez que sale fuera uno, quizás porque seamos patriotas chicos, enseguida se desea volver a ella, no?. Es una ciudad, vamos, que yo considero, una vez que se ha estado fuera y eso, que tiene un gran encanto, como Córdoba, por supuesto. En fin, como distracciones de Sevilla, claro no se puede comparar con lo que se puede hacer en Madrid, pero lo fundamental de Sevilla para mí son, digamos, las tascas, o sea, el ambiente que hay aquí en Sevilla de ... . En fin, el ambiente que se respira. Quizás para nosotros no sea una ciudad que tenga un ambiente universitario, eh?, puesto que el centro de ... . Aparte de que las facultades están, digamos, con las Escuelas Técnicas, están muy dispersos. Sin embargo, se dispersa en seguida la vida universitaria. Aquí en Sevilla no existe vida universitaria, puesto que todo el mundo reside en distintos puntos de la ciudad. Una ciudad que ahora mismo quizás, no resulta muy grande, pero que yo creo que en adelante resultará más grande de lo que es actualmente. Porque a mí las ciudades de tipo Madrid me gusta para un mes, pero para más tiempo no, no?. Son ciudades que agobian. Entonces Sevilla sí, tiene, como ya te he dicho, mucho encanto, una ciudad bonita y que creo que se puede vivir a gusto en ella. Con respecto a la Universidad, es un problema que hay que reservarse, no?. Pero que la mentalidad y ambiente universitario aquí no existen. Quizás, el tipo de ciudad ideal como universitaria sería un estilo Salamanca, eh?, una ciudad preciosa y, además, con un ambiente universitario pleno. Pero, aquí, en Sevilla, no.

-¿Qué opinas de la Semana Santa?.

-¿Me preguntas sobre la Semana Santa?. La Semana Santa, indiscutiblemente, en Sevilla, es una cosa fundamental para la ciudad, no?. Que no es siempre bien interpretada. Que yo personalmente, pues, no me siento muy ligado a ella, no?. O sea, la Semana Santa que yo paso, quizás porque sea de Sevilla y la haya visto muchas veces cuando pequeño. La Semana Santa que transcurre, digamos, en un plan como préambulo, es decir, vamos a decir la verdad, como préambulo de la Feria, de amistad, de camaradería y eso, de tomar copas, etcétera. Pero que, en realidad, de aspecto de Semana Santa, pues, personalmente, en fin, el grupo en que yo me muevo, pues, no digamos, no somos muy tradicionales en el aspecto de la Semana Santa. Sin embargo comprendo que la Semana Santa aquí, para muchas personas y, sobre todo para la religiosidad popular es muy necesaria. Que se interpreta ya como algo personal. Incluso en la cuestión de todo esto del folklore. Y que, indiscutiblemente es una cosa digna de ver, eh?. Muy interesante como manifestación folklórica precisamente de la ciudad y de la región. Indiscutiblemente en el aspecto artístico yo creo que gana a cualquiera. O sea, que es preponderante sobre cualquier otra Semana Santa del país, vamos, eh?. Quizás hay que interpretarla desde un punto de vista de excesivamente de folklore, o sea, de sentir popular. Y precisamente este sentir popular no puede interpretarlo, la Semanan Santa de Sevilla, como no sea una persona que sea precisamente de Sevilla, porque el carácter es totalmente distinto, no?. Es decir, no se puede enjuiciar, un castellano, sobre la Semana Santa, así personalmente, en la tierra de Andalucia.

   -¿Has visto alguna evolución en el tiempo que tú llevas en la Semana Santa hacia una comercialización?.

   -Sí. Bueno, una comercialización, quizás un aspecto menos serio, no?, de la Semana Santa. Yo lo comprendo, a mí no me interesa, pero, vamos, comprendo que, en realidad, la Semana Santa, como todas las cosas, no?, pues se ha comercializado, porque han visto que es un medio rentable. Entonces, todo gira durante esa semana en torno a, digamos, al visitante, al, digamos, al ciudadano, eh?. Y, en realidad, pues sí, ha evolucionado, pero, vamos, yo creo que es propio de todos los sitios. O sea, que hay que aprovechar todas las oportunidades que se tienen para sacar más rentabilidad del hecho.

   -Pasando a otro tema, por ejemplo ¿en qué se divierte la gente en Sevilla, o sea, qué hace los días de fiesta?.

   -Sí. Los días de fiesta. Bien, bueno, si yo te dijera a tí, que es en lo que sí he notado un cambio, digamos, quizás, en todo el mundo, hasta cierto punto. Antes, yo me acuerdo de hace por lo menos cinco años, eh?, cuando yo tenía unos doce años o así, por ejemplo, en Sevilla no existían, qué te digo yo, salas de fiesta para la juventud, no?, tú sabes. Es decir, que eran espectáculos para ir. Pero vamos como tipo ya pasando al folklore, como eran Los Gallos en la parte del barrio de Santa Cruz. El Oasis. Sitios en que en realidad, la juventud no solía ir, no?, porque para eso había que tener dinero. Sin embargo, siguiendo ya la tendencia, que eso es normal en todos, vamos, en todos sitios, sin embargo, actualmente, pues, la juventud suele estar centrada, digamos, en un triángulo que es el que domina en la parte, digamos, de la calle Tetuán, de la parte de esas bodegas de Romero, La Vendimia. Todo ese triángulo de las bodegas de San Eloy. Es decir, en una serie de, digamos, de sitios donde el vino es barato, eh?. Es barato y sin embargo es de calidad. Pues ahí es donde, en realidad, se ven cantidad de gente que está en las puertas de la calle, o sea, sobre todo ambiente de estudiante, no?. Después, pues sí, la gente se ha acostumbrado más a salir fuera porque los medios de locomoción ... . Hoy día la gente, no sé ... . En fin, en el ambiente en que nos movemos por ahora, actualmente en la universidad, pues, se acostumbra a ir fuera, ahora tienen las cosas más cerca y ... . En fin, no?. El cine ha pasado a un segundo plano, no?. Como no sea el aspecto de cine club, pero si no, ha pasado todo eso a un segundo plano, la gente o van a tomar copas a ese triángulo, no?, porque es el más económico y donde mejor vino venden y, después, el cine ha pasado a un segundo plano. Sobre el fútbol y eso, pues la gente, o sea, yo personalmente sí voy desde pequeño al Sevilla, pero eso no quiere decir que la gente esté interesada y vaya a los deportes, no?.

-¿Te gustan los toros?.

-A mí no. No, a mí me cansan. Yo veo un toro y ya lo he visto para toda la temporada, no?. A mí me parece que, que vamos, que es una cosa que como no existe una propia, digamos, voluntariedad por parte del toro a hacer algo distinto y como siempre se sabe a lo que se va, no?. Es una de las partes la que tiene que poner todo, porque la otra es irracional. Pues, entonces, nunca existe, vamos, para mí no existe la originalidad de una cosa distinta. Sin embargo el fútbol tampoco es una cosa del otro mundo ni nada, pero por lo menos como son veintidós personas, más o menos personas, menos en algunos casos que no sean personas y eso, pues entonces existe una mayor, digamos, por su capacidad

30

humana de crear algo, entonces resulta siempre
variopinto y distinto, porque son ya muchos más
elementos humanos los que intervienen y siempre hay
ahí ... . Interviene la originalidad. Entonces
siempre que se va a un campo de fútbol, pues sí, el
nivel ha bajado, pero se ve distinto, no?. No una
misma jugada. Ni se sabe que le van a matar al toro,
ni que el toro vaya a pasar por la derecha, ni por
la izquierda y ya se sabe que has visto, para toda
la temporada lo mismo. Sin embargo en el fútbol
existe una especie ya de creatividad, de cambio,
no?. O sea, no es monótono.

-Bueno, y, ¿sobre programas de televisión?.

-Sobre programas de televisión. Bueno la
televisión ... .

-¿Ves mucho la televisión?.

-No, no, no. O sea, quizás antes, cuando era de
quince o diecisiete años, tú sabes, cuando estábamos
en bachiller, se veía, pero, indiscutiblemente, la
televisión está en un plan anodino y que no distrae
nada, no?. Incluso programas que antes los veía con
cierto gusto, como podía ser "Estudio 1", o
programas de estos dramáticos. Sin embargo ahora
llevo una temporada, que, vamos, que es que no hay
quien vea un programa, no?. Que son anodinos de
temas y cuestiones que no tienen relevancia ninguna
ni calidad literaria, a veces, las obras
representadas. Muchas veces veo un folklore pero
propiamente obras dramáticas de calidad no suelen
representar. Entonces dentro de televisión quizás el
único programa que así, que yo, sabes, veo un poco,
quizás porque no cae en la monotonía y nunca se
puede esperar, es "Estudio Abierto", de la segunda
cadena. Precisamente por eso, porque está realizado
en directo y entonces las intervenciones del
presentador y los interesados, pues, siempre son
distintas, no?. O sea, no es un programa que está en
videoteca, es decir cualquier cosa de estas que está
ya que impide la espontaneidad, no?. Entonces, sí,
resulta más curioso, tiene algunos aspectos,
digamos, de la vida española que muchas veces no se

repara en ellos, no?. Y es el programa que yo veo más distraído dentro de la televisión española. Porque, ya te lo he dicho, el programa dramático anda fatal. Después, el aspecto informativo de la televisión, pues, en fin, que como no hay más remedio, que ver "Telediario" porque no tenemos otra cosa,y leer la prensa, el ABC y dos o tres periódicos, o sea, que no hay medio de salirse de este círculo vicioso.

-¿Y sobre periódicos, periódicos regionales o nacionales ?.

-Están todos, más o menos, cortados por la misma tijera, no?. Excepto el periódico de la índole como Cuadernos para el Diálogo. Los demás es muy difícil, porque en un periódico hay que ver primero las fuerzas que manejan ese periódico. Porque, claro, la información va supeditada a la empresa y a los intereses que quiere que reluzcan dentro del periódico. Entonces, pues, claro, como es lógico en toda actividad humana, pues, hay que mostrarse, creo, me muestro un poco receloso respecto a la información aparecida en la prensa. Porque, vamos, los periódicos oficiales, pues sí, ya sabemos poco más o menos lo que van a decir, etcétera. Pero, en fin, que, quizás preferiría simplemente una prensa del tipo de ... . Y si exponen un criterio sobre la interpretación del hecho que diga: este criterio está basado en estos argumentos. Pero que no queden como una especie de dogma, no?, sino simplemente una prensa que se ajuste a la situación simplemente de exponer el hecho para que el público esté informado y que después la interpretación, pues, la sirva con la mayor buena fé posible, no?. Por eso te digo que ... .

-¿Qué periódicos sueles leer?.

-Hombre, los que se suele leer siempre, no?. O sea, los que tenemos siempre a mano, no?. En casa, como siempre, desde pequeño, pues, al principio era el Correo de Andalucía. Después ya, por cosa ajena totalmente a nosotros, tuvimos que cambiar a ABC. Porque el periódico Correo de Andalucía no llegaba.

O sea, cuando nosotros nos mudamos de casa, no cubría, porque era un recinto nuevo, no cubría esa zona y entonces, claro, para recibir la prensa cambiamos a ABC, que estaba más extendido. Después, a veces, también por la tarde, pero más que nada por llevarlo a casa, no?, porque mi padre lea el periódico, porque ya lo lee, pero, vamos, que tenga, así, mientras se ve la televisión y lea, pues, se lee siempre algún periódico, como puede ser Pueblo. Pero, vamos, se da siempre con la salvedad de esta visión. Y después si veo un tema interesante, eh?, un tema interesante, pues, suelo comprar, aparte Cuadernos para el Diálogo, suelo comprar Sábado Gráfico, si trae un tema que yo creo que es más o menos interesante para leer.

-¿Has ido alguna vez a la romería del Rocio?.

-Sí, fui hace de esto, me parece que son dos años, vamos, no la ví plenamente, sino que fui con unos amigos la madrugada anterior a la entrada de la Virgen del Rocio, y, en fin, quiero decirte que, en fin, que a mí me ... . No sé, fue una cosa que ... . A mí me gusta mucho, digamos, el folklore, digo, el sentimiento popular y eso, no?. Los aspectos costumbristas. Pero que me decepcionó un poco porque a mí me habían hablado mucho de la hospitalidad, no?, de la hospitalidad que existe allí dentro de Rocio, exactamente, del pueblo. Pero sin embargo, esa madrugada para entrar, digamos, en lo que se puede denominar una juerga, no?, pues, había que conocer a algunos miembros de los que estaban allí participando. Entonces, como yo no conocía a nadie, ni conocíamos allí a nadie, sino que había venido para verlo, pues entonces pasamos una noche que ... . Vamos, con un humor de perro. Y, vamos, sin embargo por la mañana fue ya distinto. Quizás porque ya hacía un día bueno y espléndido, no?. Pero ya, no sé, estábamos ya un poco predestinados por el ambiente de la noche anterior. Desde luego se oye el mejor cante flamenco, eh?. Mejor que en la Feria. Porque en la Feria, aquí en Sevilla, es ya una ciudad y se mezclan gente de todo tipo. Pero el que va allí, precisamente porque son típicos elementos populares, no?, entonces, pues, se oye verdadero cante flamenco, verdadero folklore puro. Más o menos, vamos. Pero siempre ... . Entonces, sí, es curioso ver un sitio donde ... . Una romería donde se acostumbra a beber en cantidades enormes, no?. Y, donde, como te digo ... . O sea, creo que merece la pena verse. Por lo menos estar allí un día, no?. Porque es algo distinto totalmente.

-¿Cuántos días dura?.

-Bueno. Los días. Los días son ... . Tú sabes que en realidad se compone el Rocio de varias hermandades, no?. Se compone de varias hermandades, no solamente radicadas en Sevilla, sino también en distintos puntos de la provincia. Y, entonces, pues, la hermandad de Sevilla, me parece que la principal sale del Salvador y otra sale de Triana también. Bueno, entonces, emprenden, a través de las marismas, con carretas ataviadas a la andaluza, el camino hacia este pueblo, hacia el Rocio, y van recogiendo, incluso, por otros puntos de Huelva. De Huelva y de Cádiz me parece que también, no sé, salen también y todas convergen en el Rocio. Y, por eso te digo que yo creo que eso tiene que durar una semana, me parece, eh?. Una semana. Y depende también de que, por ejemplo ... . Pues hablé con ellos, con los participantes y eso, que habían estado desde el principio. Y dependía mucho de cómo habían pasado, precisamente, las condiciones climáticas, no?. Cuando, por ejemplo, ha habido un año fuerte de lluvia, entonces, claro, las marismas están, digamos, un terreno fangoso. Y, entonces, claro, las carretas tiradas por bueyes, pues se atrancan. Y, entonces resulta un poco más penoso, no?, que en situaciones anteriores cuando el tiempo es espléndido. Entonces, claro, van un poco predestinados por los esfuerzos anteriores y eso. Y, no sé. Yo creo que depende mucho del factor climático, no?, que resulte el Rocio plenamente satisfactorio para los participantes. Es curioso. Y, vamos, es, como te digo, yo creo que en lo folklórico superior, por ejemplo, a la Feria, no?. La Feria aquí se celebra en abril. Es muy superior.

-¿Es muy superior la Feria a la romería?.

-No, no, al revés, la romería a la Feria, eh?. Porque imagínate tú que, por ejemplo, la gente, a pesar de que a la Feria viene aquí gente de todos los puntos de Andalucía y de España, no?. E incluso del extranjero. Pero, sin embargo, las personas que van al Rocio y participan en ella son personas que ... . En la Feria ese ambiente se diluye, eh?. porque ya no está compuesto por tres o cuatro mil personas que verdaderamente sienten el flamenco, etcétera. Entonces en la Feria se diluye este grupo, no?. Entre cien o doscientas ... . El Rocio, como son ellos precisamente los que organizan eso, los que viven entre ellos, que entonces lógicamente se lo pasan muy bien.

ENCUESTA: C 1 V 4.

EDAD: 25 Años.

PROFESION: Profesor de Instituto.

-Vamos a grabar en la pista A. El informante, un compañero mío de carrera. En fin, aunque él acabó un poco antes. Y le vamos a hacer las preguntas que hay que hacerle a todos. Eso es muy pesado, ¿sabes Alberto?. ¿Tú cómo te llamas?.

-Juan Alberto.

-¿Naciste?.

-En Sevilla.

-¿En qué barrio, concretamente?.

-Nací enfrente de la plaza de toros, en el barrio del Arenal, en el quince de julio de 1.946.

-O sea, que ¿tienes ahora mismo?.

-Tengo veinticinco años.

-Veinticinco años. ¿Estás casado ya?.

-Casado y con un chiquillo.

-Bueno. ¿La escuela primaria, asististe aquí en Sevilla,
    también?.

-Sí, sí, sí. Asistí en una escuela de dos señoritas viejas, que había en la calle Julio César. Eran unas auténticas "migas", vamos, una cosa la mar de curiosa, en donde no se aprendía nada, pero,

vamos, era lo suficientemente chico como para no
tener que aprender aún nada. Un sentido de la
educación la mar de tradicional. Y, después estuve
en un colegio en la calle Méndez Núñez ... . No me
acuerdo, no sé en qué calle fue. Un colegio que era
el Santo Angel. Aún creo que existe. Y después
estuve en Alfonso X El Sabio, en la Plaza del Duque,
hasta cuarto de bachiller. Y después pasé al
instituto San Isidoro, al viejo, antes de que se
cayera. Me cogió a mí allí cuando se empezó a
desmoronar. Nos trasladaron al pabellón de Chile y
allí hice quinto y sexto y preu. Y luego los cinco
años aquí.

—¿Aquí, en Sevilla, en la Facultad?.

—Sí, sí, siempre, no me he movido de aquí.

—Oye, Alberto, tú me has dicho que estuviste en la
escuela primaria en un colegio con mucha "miga".

—O sea, no, no con mucha "miga", o sea, es que
aquí se le llama a esos colegios de niños chicos, se
les llama "migas", "las migas". Pues, no sé por qué,
es que es un término la mar de extraño. O sea, yo
siempre he oído decir eso de las "migas" ... "las
migas" ... "las migas". Pero no sé por qué. Además
eso incluso me parece que está atestiguado ya
incluso hasta en Góngora. En "Hermana Marica" creo
que habla algo de las "migas". Creo, no estoy
totalmente seguro. Es un ... . Normalmente era un
cuarto, una habitación insalubre, en donde estaban
los niños cuidados por dos señoritas viejas que aún
viven, y están exactamente iguales que cuando yo
estaba allí. Era una cosa la mar de graciosa.
Entonces, yo, siempre, o sea, yo siempre he oído que
a las "migas", los alumnos llevaban cada uno su
sillita, comprendes?. Y allí, claro, allí no se
hacía nada. Había allí una peste a niño chico,
horrorosa. Y ya está, no se hacía nada.

—O sea, un parque de la infancia.

—Sí, pero del año cincuenta, comprendes?. No del
año setenta y dos.

40

—Bueno. Y la escuela primaria, ¿era de tipo estatal?.

—No, era privada.

—Bien. Los estudios superiores me dices que lo hiciste aquí en la Facultad.

—Sí. Hice los Comunes aquí, y la especialidad de Filología Moderna, la primera promoción.

—Bien. Y de todos los profesores que tú has tenido, Alberto, ¿cúal es el que tú recuerdas con más cariño?.

—Agustín García Calvo no me daba. Me dio Latín y Griego en primero y parte de segundo.

—Y, ¿dentro de la especialidad?.

—Pregunta un tanto difícil, porque, no sé, quizás, quizás, algunas veces López Estrada, otras veces Feliciano, no sé. Pero la especialidad no la recuerdo con mucho cariño, vamos.

—Bien. Tú actualmente eres profesor. ¿En dónde?.

—Soy profesor del Instituto Técnico, en Carmona. Allí doy Francés. Francés y Lengua de tercero.

—¿Y tu mujer también lo da allí?.

—También lo da allí. Ella nada más que da Lengua, Lengua de segundo y Lengua de tercero.

—Y estás con Antonio.

—Sí, es compañero mártir en las tareas del interinato.

—¿Por qué, por qué le dices compañero mártir?.

—Porque ... .

—¿Lo pasáis mal?.

-¿Qué?. No, no. Allí no se pasa ni mal ni bien. Allí se está, entre otras cosas, y, para el que le gusta la enseñanza de los niños, pues mira, debe ser la mar de bonito, pero tiene muchas dificultades de tipo burocrático, de tipo administrativo, comprendes?. O sea, no, es un tanto ... . Es muy difícil luchar contra los métodos antiguos y empezar a hacer algo, querer hacer algo. Siempre se encuentra uno con muchas dificultades, no?. En fin, los problemas de siempre, no?.

-Sí, no, romper con los estatutos ... .

-Romper con lo establecido, de alguna forma, siempre cuesta mucho más trabajo del que parece, no?.

-Bien. Alberto, ¿tus padres nacieron aquí, en Sevilla?.

-No. Mi padre nació en Madrid, pero se trasladó muy pequeño, vamos, yo no lo sé exactamente, pero creo que era pequeñísimo, a Sevilla. Y mi madre, sí.

-¿Nació aquí?.

-Sí, sí, sí, mi madre nació aquí.

-¿Y tu mujer?.

-Es de Alcalá de Guadaira. Un pueblecito que está a quince kilómetros de aquí.

-¿Te gusta Alcalá?.

-Sí. Está bien, está bien. O sea, Alcalá tiene bonitos los alrededores, los paisajes y estas cosas, pero el pueblo, vamos, el pueblo es un pueblo normal, no es un pueblo que sea especialmente bello, vamos.

-Sin embargo, Alcalá, a mí me gustaba mucho cuando yo venía de Utrera.

-Sí, sí, la entrada por ese lado, sí, porque es

toda la parte del castillo y todas las cuevas de los gitanos y esto. Eso es, claro, lo más bonito, no?. Eso sí, eso es bastante bonito.

–¿Tú conoces el castillo de Alcalá?.

–Sí, sí, muy bien.

–¿Te gusta?.

–Sí, sí, mucho, mucho. O sea, yo, me gusta. O sea, yo lo conozco bien y es muy interesante. Yo lo he visto desde muchos puntos de vista. Además, desde el punto de vista ... . Sobre todo, desde el punto de vista sociológico es la mar de curioso. Las familias que viven allí tienen una diferenciación bastante grande sociológicamente, incluso lingüísticamente, del resto del pueblo. Y en ese pueblo pasan unas cosas la mar de raras y la mar de graciosas. Yo tengo ganas de estudiarlo a fondo, a ver si es verdad o es sólo una impresión mía, pero me da la espina de que en ese pueblo todos los hombres cecean y todas las mujeres sesean, pero que no hay mezcla entre hombres seseantes y mujeres ceceantes, no?, o sea, muy diferenciados, creo. Es la mar de curioso, es la mar de curioso. No sé por qué será, pero es bastante curioso. Yo me he fijado en mucha gente, no?, y pasa esto, no?.

–Bueno. Alberto, y tú ¿has vivido algún tiempo fuera de Sevilla?.

–No, no, no, no. Yo he estado, vamos, por temporadas. Sí, yo he estado viviendo, qué te digo yo a tí, cuatro meses creo que estuve fuera, pero no hice nada, no?. O sea que ... .

–Cuatro meses. Y ¿aquello fue por la mili?.

–En Madrid. No, no, no, por motivo de una oposición que hice cuando estaba en cuarto de carrera. Hice una oposición la mar de extraña, a prisiones.

–¿A prisiones?.

—A prisiones. En prisiones estuve, estuve ... . O
sea, la saqué, no? y después tuve un cursillo allí,
de tres o cuatro meses, para enseñarme cómo era el
manejo de las cárceles y esto, no?. Claro, no ... .

—¿No te gustaba?.

—No. Lo que pasó es que hice las oposiciones con
una pequeña trampa, es que no tenía aún la edad
límite, que eran veintiún años en el momento de
firmarlas, y entonces se me ... . Cuando las aprobé,
y había hecho todo el cursillo, etcétera, hubo que
llevar una serie de documentos para atestiguar una
serie de datos y descubrieron que yo era menor de
veintiun años cuando hice esto, y me echaron.
Afortunadamente.

—Tú, en realidad, ¿comulgas con la policía?.

—Hombre ... .

—El comulgar va entrecomillado, eh?.

—Sí, ya. No, mira, a mí la policía no me gusta de
ninguna manera, pero en ningún lado. O sea, yo, no
sé, vamos. Por eso, no sé, por eso quizás mi
espíritu sea tan ... . No sé cómo te diría. Tan
inconformista, no?. Porque no me gusta ni la policía
esta ni la de ningún lado, no?. No sé, no me gusta
ningún tipo de represión, o sea, pero venga de donde
venga, me da igual, no?.

—Sí.

—O sea, por eso, cuando me dicen, en el fondo,
cuando me dicen: "tiene que cambiar esto", digo
"bueno y qué. Y vendrá otra cosa y vendrá otra
policía". Entonces, me sigue sin gustar lo otro
también.

—¿Cuál sería, o cuál es tu ideal político?.

—No sé, no sé, no sé. O sea, yo si creo en algo
teóricamente. Teóricamente, es en la revolución
constante, si no, no creo en nada. Si creo en algo,

eh?. Que yo no ... .

−¿No lo sabes todavía?.

−No, no lo sé. O sea, es que no sé. Quizás el
papel del intelectual en estos tiempos sea un poco
difícil, no?. El papel del teórico en estas cosas
quizás sea un poco difícil, no?. Por supuesto, que
todo lo que se ha establecido ya, me parece que
empieza a descomponerse, no?. Y entonces, creo que
la teoría más correcta, desde un punto de vista
teórico, sería la revolución constante.

−No, sí, desde un punto de vista ... .

−El estar siempre ... . O sea, yo estaría siempre
en la oposición, comprendes?. Intentando cambiar
siempre, no?. En fin, no sé, esto ya no creo que sea
nuevo, esto ya lo dijo Heráclito, vamos.

−¿Te gusta la filosofía griega?, a propósito.

−Me gusta la filosofía, lo que pasa es que la he
estudiado mal, me la han enseñado mal y tengo una
secreta pasión por la filosofía. Yo no sé. Yo,
cuando me quedo en mi casa solo y no me ve nadie, me
pongo a leer filosofía. Cuando no me ve nadie.

−Bueno. Vamos a ver, de todos los filósofos, ¿has
leído alguno de ellos, así, que tenga un papel ...?.

−Sí, he leído un poco. He leído, a parte de los
tradicionales, he leído a ... . O sea, entre los
tradicionales, he leído a Platón, he leído a
Aristóteles, he leído un poco de Kant, no he leído,
desgraciadamente, a Hegel. He leído a Marcuse, entre
los actuales. Marcuse me ha gustado mucho, o sea, no
me ha gustado, sino que me he convencido de muchos
aspectos de su filosofía que para mí eran, no sé,
estaban como dormidos, aletargados, no?, en mí.

−Bien. Tú has leído, a Platón y a Aristóteles, me
has dicho, ¿cuál de ellos te ha convencido más?.

−No sé, no sé. O sea, a mí ninguno de los dos me

gusta mucho. Platón me gusta más, porque es mucho
más bonito, comprendes, es mucho más bello. Yo creo
que Aristóteles es más práctico, y es más
científico.

-Más científico, sí.

-Pero es que Platón es tan poético, comprendes?.
Me gustó mucho. Pero desde luego ... . O sea, desde
el punto de vista de la metafísica, o de la teoría
de las ideas. Cuando se mete ya en esa sociología,
no sé, me parece que Platón es absolutamente
despreciable, no?. O sea, cuando, por ejemplo, en la
"República" ... . Creo que no se puede ni soportar
siquiera, no?. O sea, que es un carca de lo más
carca. Y por supuesto, o sea, a mí, la figura que
más me ha impresionado es la de Sócrates, vamos. O
sea, eso para mí, sobre todo, no es ya un hombre, es
un símbolo de lo que debe ser, no?.

-Sí, desde luego.

-Para mí es el filósofo más auténtico en ese
sentido, porque es que él es el que busca la verdad
directamente, viviendo, no?. El que da testimonio,
incluso, de su verdad y de la verdad, con su vida,
no?. O sea, eso, para mí, es grandioso.

-Bien, Alberto, vamos a ver, vamos a pasar a otro
tipo de preguntas, o sea, no otro tipo, sino de
índole más personal.

-Dí.

-Vamos a ver, tú crees ... .

-¿En qué?.

-Creer en Dios.

-Esto es muy confuso.

-Confuso, pero ¿en qué aspecto?.

-O sea, yo no, no, ahora mismo, no ... .

—Es decir, no te pregunto si tienes una gran confianza en el Dios que nos han dado en los colegios y demás, sino en la figura en sí, en la figura de Dios, como padre ... .

—Yo es que no, no. Ahora mismo, en mi situación actual, ahora mismo no creo en nada, absolutamente en nada, o sea, no, además, no, no quiero pensar ahora mismo mucho en esto, o sea, no creo que esté suficientemente ... .

—¿Preparado?.

—No es preparado, es en condiciones humanas de pensar esto, o sea, me preocupan otras cosas ahora mismo más que ésa, realmente es que la idea de Dios para mí ha dejado un poco de tener sentido, comprendes?. Es algo con lo que no cuento. Comprendes?. No. No cuento para nada con ello.

—¿Por qué?, ¿por las circunstancias que se han dado en tu vida?.

—No, no, no, simplemente ha sido un proceso mental, más que síquico. Ha sido un ir profundizando en mí, en mis ideas, y en esto ha sido también el contacto con mucha gente, de discusiones entre mucha gente. Yo no pienso por mí sólo, ni hablo por mí sólo, ni existo por mí sólo, sino que yo tengo una serie de amigos y cosas con los que me reúno muchas veces, y hablamos de muchas cosas, y esto ha sido una evolución casi a la par, no?.

—Sí.

—De ir de una fe casi histérica, que es la que nos enseñaron, que yo creo que, en el fondo, eso es lo que tiene la culpa de todo, de una fe casi histérica, de una fe casi, no sé, casi fetichista, no?, al rechazo. Claro, eso es, creo que es, no sé, cómo te diría, dialécticamente, creo que es el punto clave ahora mismo. O sea, es lo más lógico, dialécticamente hablando, después de una educación, después de una infancia, después de una niñez, tan constantemente metido por la fe, tan constantemente oprimido por la fe, y por la religión. Y reprimido, eh?. Eso es.

—Oye, Alberto, tú, de las cosas que tú conoces actualmente y de siempre, no?, por ejemplo, dentro del campo de la literatura ... .

—Sí.

—¿Qué es lo que más te gusta: la novela, el ensayo, el teatro?.

—Bueno. Verás tú. A mí, lo que más me gustaba hasta hace poco tiempo era la poesía, y me sigue gustando mucho. La he practicado incluso. Muchas veces me he preguntado si yo podía ser, o si yo sería un poeta, de alguna forma. El teatro me parece que el resultado no es la literatura, comprendes?. O sea, el teatro es algo que yo hago y que no practico y que llevo haciéndolo más de diez años ya, y creo que eso, el resultado no es literatura, aunque lo sea en la base, no?. Aunque lo sea, porque proviene de un texto y habría que discutir también sobre eso mucho, no?. El teatro es más un espectáculo desde otro punto, de otro estilo, de otro tipo de literatura. Ultimamente, lo que más me ha gustado, o sea, lo que más he leído y lo que más me ha interesado, ha sido la novela, quizá influido un poco no sé, por esta especie de boom, no?. No me he referido aquí al "boom andaluz" porque estas cosas me parecen la mar de poco serias, pero sí, o sea, sí por el boom hispanoamericano, no?.

—Sí.

—O sea, que ése sí me parece muy serio, no?. En muchos aspectos. Entonces, lo que más he leído últimamente, lo que más me ha llegado ha sido la novela. Aún no sé, yo creo que la literatura debe ir, de una vez, no sé, hacia un ... . Quizás, aunque sea un poco estúpido lo que digo, pero, hacia la desaparición de los géneros, y hacia, quitar las barreras de los géneros, que me parece que aún estamos viviendo a expensas de lo que pensaban los retóricos de Roma y los medievales, y, todas estas cosas, no?. No sé. Además, creo que la literatura, de alguna forma, va hacia eso, de alguna manera, no sé. Quizás, quizás sea una idea un tanto peregrina, pero yo quizás lo vea así.

ENCUESTA: C 1 H 1.

EDAD: 20 Años.

PROFESION: Estudiante de Bachillerato.

—¿Quieres decirme tu nombre completo?.

—Sí, me llamo María Vicenta.

—¿Dónde naciste?.

—Nací en Sevilla.

—Y, ¿en qué fecha, recuerdas?.

—Sí, el veinticuatro de diciembre de 1.951.

—¿Has vivido siempre en Sevilla?.

—Sí, siempre.

—¿Cómo se llaman tus padres?.

—Pues mi padre se llama Manuel y mi madre Manuela.

—¿Ellos son también de Sevilla?.

—Bueno, mi padre, sí, mi madre, no, es de un pueblo cercano.

—Pero es de la región andaluza, ¿no?.

—Sí.

—¿A qué se dedican tus padres?. Si no es una indiscreción.

—No, no es indiscreción. Mi padre trabaja por su

cuenta y mi madre está en casa.

—O sea, entonces, por lo que me dijiste antes, resulta que tienes, ¿cuántos años?.

—Veinte.

—Veinte años. Perfectamente, entras muy bien en la edad que nos interesa. ¿Recuerdas dónde hiciste la escuela primaria?.

—Pues sí, en el colegio de religiosas de la calle San Vicente de Paúl, me parece.

—¿Tienes algún recuerdo especial de esos estudios de la enseñanza primaria?. Alguna anécdota que te ocurriera. Algo que te llamara la atención sobre lo cual puedas hablarme espontáneamente.

—Pues recuerdo un día que quería irme el viernes para no volver el sábado y quería llevarme el babi que teníamos allí comiendo, para que no me vieran las hermanas. Pues, me resbalé por las escaleras y se me torció el tobillo, entonces ya me vieron y todo me salió mal. Habría muchísimos más casos, pero ahora mismo no recuerdo.

—Recuerdas con especial simpatía a alguna hermana, por ejemplo, o a alguna compañera?.

—Sí, compañeras bastantes, y una de las hermanas, recuerdo con mucha simpatía.

—¿Y por qué la recuerdas con esa simpatía?.

—Porque era una clase de persona que ... Es de estas personas que, no sé, nos gusta bastante porque es de estas personas que, cuando hay que decir algo, lo dice sin dar vueltas, o sea, que lo dicen en la cara y no van diciendo por detrás ni nada de eso.

—¿Te gusta la sinceridad, entonces, siempre?.

—Sí, la sinceridad ante todo.

—Y tú ¿procuras ser siempre sincera?.

—Pues sí, más o menos.

—O sea, ahora, aquí, no importa ... .

—Sí.

—Tú puedes decir lo que te parezca mejor, y, desde luego, pierde todo miedo de relación. No pienses que ahora estás hablando con el profesor, considera que estás hablando con un amigo, y que esto va a quedar grabado y vamos a hacer después un trabajo, y nos puede ser útil.

¿En qué zona de Sevilla has vivido normalmente?.

—Pues he vivido primero en la Macarena, hasta que tuve trece años y, a partir de eso, he vivido ya en Triana.

—En la zona de Triana, todo el tiempo, ¿no?.

—Sí.

—Y los estudios de bachillerato, ¿dónde los hiciste?.

—Pues hice ... . Hasta cuarto, lo hice en el mismo colegio que hice la primaria, y ya, después, quinto lo hice en el instituto, sexto libre y, ahora, C.O.U. otra vez en el instituto.

—¿Por qué hiciste sexto libre?.

—Pues, porque me quedaron tres pendientes.

—Soy muy curioso, ¿verdad?.

—No, que va, que va. Me quedaron tres pendientes de quinto y, no me dejaron entrar como libre oyente, entonces tuve que hacerlo libre.

—¿Fui yo el culpable?.

-No.

-O sea, que ya no era ... . Ya no era director yo.

-No, ya no estaba usted de director.

-Me alegro muchísimo, para que no tengas ningún resentimiento por motivo de este tipo.

-No importa, a última hora, no me fue muy mal porque aprobé las tres que tenía de quinto en junio y tres de sexto, y, en septiembre, aprobé las seis de sexto que me quedaron y un grupo de reválida, o sea, que tampoco me puedo quejar.

-Fue estupendamente, no?. Y de tus años de bachillerato ... . ¿Qué diferencia encuentras tú, por ejemplo, entre los años que estudiaste en el colegio, con las monjas, y los años que estás estudiando en el instituto?.

-Bueno, diferencia mucha. De ambiente sobre todo. Muchísima, porque era un colegio de religiosas, y, de pronto, así, un instituto mixto, es muchísima la diferencia y, no sé, allí estábamos todas más unidas, porque las clases eran bastante más pequeñas, nos conocíamos ya todas, de todos los años y, en el instituto, no sé, había una frialdad tremenda allí. Mucha distancia entre profesores y alumnos. Después, claro, no era lo mismo tratar con niñas sólo que tratar con niños y niñas. No sé, eso sobre todo.

-Y ¿tú crees que eso para vosotros es más conveniente, esa enseñanza mixta, estando unidos niños y niñas, o la que hacíais antes, separados por sexo?.

-No, yo creo que es muchísimo mejor ésta, la mixta. Lo que pasa es que se debe empezar desde pequeño, o sea, desde que se está en primero, porque después el cambio es brutísimo, porque, estar hasta cuarto, sobre todo con monjas ... . Porque si se hubiera estado en otro colegio ... . Y después pasar, en quinto ya, a estar en un instituto mixto, no sé, para mí, desde luego, fue un choque grandísimo.

—Y ¿te adaptaste bien al trato con tus compañeros, con los chicos sobre todo?.

—No sé, yo no ... . Eso no me tocaba decirlo a mí, yo creo que sí, que ... .

—Quiero decir que si te sientes a gusto entre tus compañeros, y tratas normalmente con ellos.

—Pues sí, sí, sí.

—Con toda normalidad, no?.

—Sí, sí con toda normalidad, como si fuera una compañera más. O sea, que yo ... . Para mí ellos significan iguales que ellas.

—Que hay una diferencia muy grande entre el primer año, cuando entraste en quinto y, por ejemplo, ahora, no?.

—Sí, sí, muchísima diferencia.

—Y que había, además, problemas que, en las monjas, tú como toda chica joven, los habías un poco idealizado y ahora quizás sí han vuelto más a la realidad.

—Sí, yo creo que sí. Además ellas, no sé, siempre ... . Porque nos ponían las cosas bajo un velo negro, nos lo tapaban todo, y se nota muchísimo, esa direfencia.

—¿Qué amistades ... ?. ¿Tienes buenas amistades en el instituto?.

—Yo creo que sí. Tengo buenas amistades allí.

—¿Te importaría hablarnos sinceramente?. Esto no lo vamos a oir más que tú y yo. La opinión sincera sobre profesores del instituto.

—Bueno. Sobre profesores del instituto, habría mucho que hablar, porque ... .

—Dímelo, sinceramente. Empezando por mí, y además, me gustaría que me dijeras no virtudes, eh?, defectos.

—Bueno, le voy a decir una cosa. Usted no se vaya a creer que porque estoy aquí con usted que quiero ponerme bien. Pero, yo, desde luego, opino que de los míos, el mejor profesor que tengo es usted.

—Muchas gracias.

—No, es de verdad, que no es por cumplido, ni muchísimo menos. Porque, no sé, los demás los encuentro muy distanciados, tengo el mismo problema que en quinto. A ese respecto, tengo el mismo problema.

—Sí.

—Los veo muy distantes y no les importan los problemas de los alumnos, no sé ... .

—O sea, en la enseñanza, hay desde luego, una relación muy importante entre la materia y el profesor.

—Yo creo que sí.

—Y que las materias se puede hacer más o menos variar de acuerdo con quien las enseña, no?.

—Yo creo que sí.

—Y de tus profesores, que tienes, por ejemplo ahora, ¿nos quieres decir algo de alguno concretamente?. Si quieres decir nombres, sin nombres, como tú quieras.

—Bueno, no me importa decir el nombre, porque, por ejemplo, don Salvador, en Matemáticas, nos va bastante mal a todos. Porque si fuera a mí, diría yo que era falta mía, pero es que nos va bastante mal y entonces es que él tiene un problema gravísimo, corre mucho, nos habla con mucha altura, como si supiéramos ya todo lo que él nos está hablando. Y hay el defecto que hay unos cuantos de empollones en la clase. Claro, si ellos lo siguen, él les pregunta si ellos lo han seguido, le dicen que sí y él no se detiene con los que no lo hemos entendido, sino que continúa su explicación y en paz. Claro, eso es un problema gravísimo, porque se encuentra que hay treinta y seis alumnos en la clase y que lo siguen cinco, que los demás se han quedado atrás y que no lo siguen. Y después se molesta muchísimo porque le decimos que no lo entendemos, y nos trata poco menos que como si fuéramos alumnos malos de cuarto, como él dice, y eso nos baja muchísimo la moral.

—Sí. Comprendo perfectamente. Y ¿de otros profesores?. Me dijiste antes que habías elegido una asignatura de letras, ¿cuál es?.

—Sí, Literatura.

—Ah!, Literatura. Con la señorita Carmen. ¿Estás contenta con ella?.

—Estoy muy contenta con ella.

—No me extraña nada.

—Porque a mí me gusta muchísimo la Literatura. No sé, yo no creo que tenga muchas cualidades para ella, pero me gusta muchísimo y ... .

—Sí. Sigue, sigue.

—Y resulta que me encuentro a un nivel más bajo que los demás. Porque el año pasado no tuve un profesor muy bueno que digamos. Yo me estudié la materia y me sabía los autores, la biografía y sus obras, pero no sabía, como este año nos está enseñando ella, a comentar textos, a saber leer una novela, a hacer fichas. Muchas, muchísimas cosas que nos está enseñando, que yo no tenía ni idea. Le encuentro nuchísimo provecho a las clases de ella.

—Y, por ejemplo, ¿hay alguna obra concreta de las que ya has leído, de las que has preparado, que te guste especialmente?.

—Bueno, sí, me gusta muchísimo la "Fontana de Oro" de Pérez Galdós, que la hemos leído ahora.

—¿Qué encuentras en ella especial?.

—Las descripciones, son perfectas. Son muy suyas, no?. Perfectas, parece que se está viendo lo que él describe. Me gustan muchísimo.

—Y, ¿solamente eso?. ¿No habrá también, quizás, un poco de esa emotividad de ser la primera obra de Pérez Galdós, cuando era muy joven, y ese romanticismo que supone también que te venga bastante con la edad tuya?.

—Sí, también. Después hemos leído también "Los Pazos de Ulloa", pero no nos ha gustado tanto.

—El naturalismo no os gusta tanto, no?.

—No. Sobre todo, no me gusta ésa.

—Y, ¿qué estáis leyendo ahora concretamente?.

—Pues ahora, teníamos que estar leyendo "La Regenta". Lo que pasa es que está .... Estaba agotada y no la hemos podido encontrar. Ya parece ser que sí, no?, que ha salido y vamos a comprarla. Y, a ver qué pasa.

—¿Qué piensas hacer tú después, en tu vida profesional?. ¿Hacer una carrera universitaria?.

—Pues si puede ser, haré Químicas, si no, pues Magisterio.

—¿Qué te gustaría más hacer una carrera universitaria o casarte pronto y bien?.

—No, que va, me gustaría muchísimo más una carrera universitaria que casarme pronto.

-¿Y no te gustaría las dos cosas a la vez?.

-Bueno sí, las dos cosas sí.

-¿Te importaría hablarme, así un poquito por extenso, si puedes, qué supondría para tí o cómo ves tú, por ejemplo, el matrimonio?. En sus relaciones ... .

-Bueno. Casarse es una cosa muy importante, muy trascendental, porque trae muchas, muchísimas consecuencias. Pero a mí me atrae más la carrera universitaria que el matrimonio. Esa es la verdad, porque, sí, es muy bonito todo, pero no es todo así, como se ve de primer momento, todo color de rosas, también tiene sus espinas. Y, no sé, y la carrera universitaria también tiene sus malos ratos. Pero, no sé, al final, yo creo, que encontrarse con una carrera no es lo mismo que encontrarse casada, porque casada, a última hora, se casa cualquiera, pero una carrera no la hace todo el mundo.

-Me parece muy bien, me parece muy acertada la idea, tu opinión. Y, ¿tienes relaciones con algún chico concretamente?.

-No, no tengo relaciones con ninguno.

-O sea, que te tratas con todos bien, ¿como amigos?.

-Sí, pero, en particular, con nadie.

-Y ¿qué opinas de, no sé, del trato que lleváis la juventud actual, de eso que preferís llamaros sinceramente amigos?.

-Bueno, yo creo ... . Es que ... . En algunos casos sí puede que exista la amistad entre el chico y la chica, pero hay otros casos que, bien por parte de ella o por parte de él, yo creo que no es sólo amistad lo que hay.

-Sí, bueno, yo creo que, en principio, hay una cosa muy elemental, toda relación de hombre mujer tiene un presupuesto de líbido, como decía Marañón, no?, de atracción sexual que es inevitable, no?. Eso lo sentimos todos.

—Pero, no sé, puede que se llegue a tratar a un chico, en mi caso, por ejemplo, como un verdadero amigo. Yo tengo verdaderos amigos sin ningún interés de ninguna clase, ni creo que ellos lo tengan conmigo, y creo que sí, que puede existir.

—Quizás ahí estés un poco engañada. En el hombre hay siempre, quizás, más atracción de sexo que en la mujer. Las mujeres lo idealizáis un poquito más.

—Sí, puede que sí.

—Vamos a hablar un poquito de las distracciones y tus preferencias, en cuanto a arte, espectáculos ... . ¿Te gusta el deporte, concretamente?.

—Algunos sí, otros, no. La verdad, no.

—¿Practicas alguno de ellos?.

—No.

—No practicas ninguno. Y de los otros que ves como espectadora, ¿cuáles te interesan más?.

—Bueno, me gusta muchísimo como espectadora la natación. Después, el patinaje artístico también. No sé así qué otro más. El fútbol, desde luego, no me gusta nada.

—Y de otro tipo de espectáculos, ¿te gusta el cine o el teatro?.

—El teatro me encanta, me gusta muchísimo.

—¿Has visto muchas obras de teatro?.

—Pues, no he visto muchas cosas de teatro, pero me gusta muchísimo. Cada vez que puedo, veo algo.

—Ahora el grupo Tabanque está poniendo cosas

interesantes, en el pabellón del Uruguay. ¿Has visto tú alguna obra de ellos?.

   -No, no he tenido oportunidad de ver ninguna.

   -Sería estupendo, porque podríamos haber hablado sobre ello. ¿Quieres hablarme de alguna película concreta que recuerdes o alguna obra de teatro que hayas visto.

   -No sé, ahora mismo, no recuerdo. Es que no se me ocurre nada.

   -¿Qué película has visto últimamente?.

   -Hace tiempo que no voy al cine, hará cuestión de unos cinco o seis meses.

   -¿Y en la televisión, por ejemplo?.

   -En televisión, es que últimamente no ponen nada bueno, están malísimos todos los programas.

   -Por ejemplo ¿has visto ese de Cine Club que ponen los domingos sobre cine japonés, un ciclo que ha habido?.

   -No, no lo he visto.

   -No lo has visto. Es que era interesante y era curioso. ¿Qué tipo de expresiones artísticas prefieres: la pintura, la música, la escultura, el baile?.

   -La pintura.

   -Y ¿por qué?.

   -No sé, me parece que dice mucho. Las otras también dicen mucho, porque cada una en su estilo. El baile dice muchísimo, y cada uno lo expresa de una forma. Pero, no sé, a mí particularmente me gusta más la pintura.

ENCUESTA: C 1 H 2.

EDAD: 23 Años.

PROFESION: Estudiante de F. y Letras.

—¿Cómo te llamas?.

—Me llamo Maria del Carmen. Nací en Sevilla hace
veintitrés años, el veintiocho de noviembre de
1.949. Fui la tercera y ahora mismo somos ya seis
hermanos. Nací en un barrio muy céntrico de Sevilla,
en la calle Viriato, para después mudarme a una
calle también muy cerca, y después nos fuimos a un
barrio extrarradio para después pasarme a los seis o
siete años al barrio donde actualmente vivo, el
barrio de Los Remedios. Cursé los estudios primarios
en el colegio de Cristo Rey que estaba muy cerca de
la calle Viriato, allí donde nací. Y estuve allí
estudiando hasta sexto de bachiller. En este colegio
no se cursaban estudios universitarios y como yo
quería hacer estudios universitarios me fui al
Murillo, centro estatal. Estuve allí haciendo ese
curso y como me catearon el específico, que se hacía
en la universidad, pasé luego a la academia Ifar y
allí lo aprobé ya, para después, al año siguiente
pasar a la universidad. Estoy actualmente en quinto
de Arte y en la carrera, naturalmente, de Filosofía
y Letras. Mis padres se llaman .... . Mi padre se
llama Joaquín y mi madre María Luisa. Mi padre es de
Ronda, pueblo de la provincia de Málaga y mi madre
nació en Sevilla. Ella es hija única y mi padre de
una familia de trece hermanos. A los veintitantos
años se vino aquí a Sevilla. Conoció a mi madre
aquí. Se estableció, puso un negocio y se quedaron a
vivir aquí en Sevilla. Y todos mis hermanos hemos
nacido aquí.

—Me has dicho que has estudiado Filosofía, y yo

... . Me gustaría que me dijeras, ¿por qué has hecho
Filosofía, qué cosas te han gustado más de allí, qué
tipo de profesores, qué asignatura te ha interesado
más ...?. En fin, más o menos esto. También ¿cómo
ves la universidad, si te ha resultado aquello que
tú pensaste en un principio, etcétera?.

—Yo, desde que era muy pequeña, sentía inclinación
por las asignaturas de memoria, sobre todo el Latín.
También tenía una monja que estudiaba ... . Mientras
nos daba clase a los alumnos, estaba estudiando la
carrera de Filosofía y Letras. Nos hablaba de los
métodos, de las enseñanzas, de lo que se estudiaba
allí. Estonces, pues, ya empecé a sentir dentro de
mí esa inclinación. Llegó quinto y escogí la rama de
letras y cada vez me iba sintiendo más inclinada. En
mi casa me hacían pensar, o me orientaban hacia una
carrera más corta, porque decían que era más propia
para la mujer. Una carrera universitaria significaba
más esfuerzo, más horas de estudio, más dedicación y
menos diversión. Pero llegué a preu y ya me vi
inclinada a llegar a la universidad. Además, no sé,
tenía unas ansias de saber más, de tener más
conocimientos y creí que, por eso, era la carrera
que me podía llenar más. Entré, como siempre se
entra, sin saber donde me había metido, un poco
desorientada, pero, en fin, con muchas ganas. Pero
nos tocó a nosotros, a nuestra generación, el año de
las huelgas, de los encerrones. Y entre la
desorientación que supone encontrarse con siete
asignaturas, siete profesores distintos, cada uno
con su método, llegaban los alumnos de quinto, los
veíamos como unos semidioses, y entonces, no sé, yo
concretamente me sentía arrastrada sin saber a dónde
me iban a conducir. Pero, por lo menos, participaba.
Hacía. En fin, que me sentía en todo ese mundo
estudiantil que se ha llamado de rebeldía. Luego, a
la hora de la verdad, no me sirvió en realidad de
nada, sino de llegar a junio y de aprobar las
asignaturas que no me supusieron ningún esfuerzo.
Había repetido preu y eso ya lo tenía muy trillado.
Nada más llegar al examen, hacer una traducción y
ningún esfuerzo que hubiese supuesto haber
estudiado. Total que me supuso repetir un curso. Así
fueron transcurriendo ... . Hice primero y segundo.

Después hice algunas asignaturas de segundo, las repetí al año siguiente y entonces se planteó el problema de la especialidad.

En Sevilla en realidad no hay mucha especialidad. O sea, campo para elegir el alumno. Me gusta la Literatura y en Modernas hay Literatura, pero están por otra parte los idiomas, que me gustan como simple afición, no como una dedicación ya así muy específica. Y entonces Historia tiene aquí, en Sevilla, muy larga historia, de ... . Con repetición de profesores, como le llaman los alumnos, "huesos". Y, entonces, me decidí por una rama que en Sevilla hacía poco tiempo que se había instalado que es Arte. Elegí Arte que es la especialidad, como dije antes, que ahora estoy haciendo. Y en la cual puedo decir no llenaba todas las ilusiones que yo había puesto en ella, por el enfoque que quizás se le haya dado, por la poca experiencia que había en esta Facultad de esas enseñanzas y producto también de que no tengamos un profesorado auténticamente preparado para esas enseñanzas. Preparado, claro, ahora, no por falta de conocimientos de ellos, sino porque en realidad es que no los hay. En, no sé, Sevilla se pensaba crear esta especialidad. Se creó porque había un material bueno, muchos libros. Pero, claro, los profesores habría que haberlos preparado con muchos años de antelación, y ahora, pues, adolecemos de esa falta. Además, como he dicho, del enfoque que se le ha dado.

—Bueno, pues otra pregunta sería, por ejemplo, que me dijese ¿qué opinas de Sevilla?, ya que es el sitio donde tú has nacido.

—Pues, Sevilla, como bien has dicho, es la ciudad donde he nacido, donde he vivido estos veintitrés años. Me gusta mucho, sí, me gusta, porque, sobre todo, lo noto cuando salgo de ella, se le echa de menos. Y cuando se vuelve se encuentra uno con ese ambiente que dejó y que tanto, en el fondo, lo lleva uno grabado. Pero, claro, tiene sus defectos y sus virtudes. Sobre todo en el plano artístico, que es el primero que me incumbe, veo que se ha descuidado mucho. Ahora, desde hace unos años para acá, hay más

interés por la restauración de los monumentos, pero
creo que eso no llega a la gran masa del pueblo de
Sevilla, o sea, de todos los que vivimos en ella.
no?, sino que queda para una minoría. No la hacen
conocer a todos los habitantes no dejan que
participen de los "tesoros" entre comillas, que ella
tiene. A mí .... . Los monumentos difundidos por las
oficinas de Turismo son los que todo el mundo
conoce, pero nosotros, en visitas obligatorias que
hemos tenido que hacer, hemos descubierto muchos
interiores, barrocos por ejemplo, que sí, que yo no
conocía hasta ahora que curso quinto, no?. Edificios
que han tenido una gran influencia en el mundo
hispanoamericano, que es concretamente una de las
asignaturas que tenemos en este curso, y que han
tenido mucha influencia en aquel arte. Y esto no se
ha sabido apreciar; sí por una minoría. pero no por
la mayoría a la que le debe llegar estos
conocimientos.

–¿Qué cosas te impresionan más de Sevilla, aparte
de sus monumentos?.

–Aparte de sus monumentos, que si no se participa
puede parecer una cosa fría, una piedra que queda
ahí, si no se analiza los hombres que están detrás
de ella no se la sabe apreciar, en el mundo actual,
y en nuestra época, queda mucho del folklore, no?,
del folklore auténtico, ese que se practicaba antes
y que se solía encontrar, como dicen, como a mí me
han dicho, mi abuela, mi abuelo y mis antepasados y
los que me han rodeado. Sobre todo el flamenco que
se puede encontrar en cualquier taberna que uno
frecuentara. El ambiente del centro, que aún queda
para los turistas. Aunque también si uno pasa a las
doce del día por la calle Sierpes, todavía se puede
seguir apreciando. Pero también a Sevilla se le ha
hecho como una especie de mito, se le ha querido
encasillar, y cuando salimos fuera de ella a todos
los sevillanos se nos pide que sepamos bailar las
sevillanas, que sepamos contar muchos chistes, que
bebamos mucho a todas las horas del día, y eso,
pues, no responde a la realidad. Aquí hay personas
de todos los caracteres y de todas las vivencias y
hay hora para todo, claro, hay hora para estudiar,

hay hora para beber y hora también para una juerguecilla flamenca.

—¿Qué piensas de la televisión española?, ¿es interesante?, ¿que nos ponen programas que son menos interesantes?. En fin, ¿qué piensas?.

—Pues yo creo que la televisón en España, por el hecho de tener nada más que dos canales, pues tiene que tener un nivel medio para que pueda ser captado por toda esa masa que se pone delante de ella. Además, por eso mismo, creo que tiene una gran responsabilidad, porque los espectadores que se acercan a ella llegan a su casa cansados y están dispuestos a tragarse todo lo que ella les presente. Yo creo que es una espada de dos filos, que hay que dosificarla y tener con ella una selección. Yo, en realidad, lo que me gusta más de ella son los programas informativos, algunos culturales. Ahora están poniendo "Si las piedras hablaran". Por la manera, por el enfoque que le han dado, me gusta. Y también lo que suelo ver son las películas, pero no las películas de serie, sino esas películas que están pensadas no para la televisión sino para una sala de cine, y que las ponen para conocimiento de todos aquellos que, por ser antiguas o por no poder pagar las salas de cine ... . Para que tengan acceso a ella.

—¿Y de los periódicos y revistas que circulan, cuál de ellos te interesa más, cuál encuentras más interesante?.

—Los periódicos que suelo leer son los que se publican en Sevilla y El Correo de Andalucía, más no leo. El ABC ... . Leo de ello el artículo de primera plana que se suele llamar de fondo. Trae ideas interesantes, ensayos, opiniones, tesis de buena firma, y nada más por la firma que hay pues hay que leerlo, aunque a veces se encuentran cosas que a uno no les va con su manera de pensar. Leo las noticias internacionales. No siempre me leo todo el periódico de punta a rabo, sino que muchas veces me limito a las noticias grandes, porque en realidad con nuestros planes de estudio no tenemos mucho tiempo disponible. Pero, me gusta mucho más El Correo de Andalucía. Quizás porque se haya sabido ganar mejor a los estudiantes. Quizás porque a la hora de publicar un escrito nuestro nos haya dado muchas más facilidades y se ha sabido acercar más a nosotros. Quizás con un espíritu, no sé, de saber proyectar las ideas, no una misma idea fija, sino de estar abierto a todas las opiniones y a todas las maneras de pensar. Yo creo que eso es una ventaja que tiene para mí El Correo de Andalucía.

Después, ya como una revista más especializada, he leído una revista que se publica en Madrid cuyo título es Índice, porque el director es un tío mío y, claro, me ha sido más fácil leerla. Esta revista, pues, trata sobre todo de problemas hispanoamericanos, que es un pueblo que ha sabido difundir por el mundo todos sus problemas y porque quizás no haya sido bien tratado por nosotros mismos, por la cultura occidental que siempre se ha creído superior a las demás. Y, entonces, algunos intelectuales de Hispanoamérica, pues, han sabido, quizás, desde lejos, porque no se han quedado en su país para muchas veces saber arreglar allí las cosas, sino que se han venido a Europa y ya con una cierta perspectiva han planteado al mundo todos los problemas de sus países por lo menos para darlos a conocer y que la gente se responsabilice. Ésta es la única revista especializada a la que yo me he acercado más. Después, por ejemplo, una revista de arte, como es la revista Goya, la cual se dedica a difundir y a dar noticias de las exposiciones que se celebran en Madrid y Barcelona, a las que nosotros aquí en Sevilla pues no podemos tener acceso. Y esta revista la considero interesante sobre todo para los que nos interesamos por esta rama.

—¿Y de la moda actual qué piensas?. ¿Te parece caótica, te parece que es un producto de nosotros mismos, o qué?.

—Bueno. Yo me voy a referir concretamente a la moda del vestir. Yo creo que hoy día se viste, en nuestro ambiente, pues, con una cierta deportividad, con un sentido de la comodidad, de lo práctico, que es en realidad lo que le va a la vida moderna, por su facilidad de movimiento, y por la necesidad de movimiento continuo que se tiene y por la imposibilidad de conocer en eso que hasta ahora se ha tenido, eso que es la diferencia de lo masculino y lo femenino y de ahí ha surgido la última moda hasta ahora, la tan cacareada moda "unisexo". Pero eso se puede estudiar más como un producto de la sociedad actual, los derechos que tanto pregona la mujer de identificación al hombre y ... . O sea, que todo esto es un producto más de la cultura, si se mira desde un punto de vista antropológico, de la cultura en la que todo tiene su misma importancia, porque forma parte de la cultura en la que nosotros nos desenvolvemos. Antiguamente eran las firmas de las casas de Paris, que centralizaban la moda, a las que seguían la mayoría de la gente, pero, hoy día ya en vez de Paris el centro, yo creo, se ha pasado a Londres y donde, en la famosa calle de Carnaby Street, donde se pueden ver, en sus escaparates, vamos, yo no los he visto, la moda de la juventud. Y también se puede hablar de la moda hippy pero para eso creo que hay que tener un espíritu hippy, porque no creo que todo el mundo lo podamos poner, yo por lo menos no, y salir a la calle con los atuendos que ellos llevan. Yo creo que eso es producto de una manera de pensar, de una manera de sentir, y por lo tanto el vestir va de acuerdo con ello. No todos podemos ser hippy, ni todos nos podemos vestir como la Begún.

—¿Qué clase de música te gusta más, la música clásica, la música moderna, la música folklórica?.

—En realidad, soy joven y soy de Sevilla, las dos cosas, y comparto en mis gustos dos clases de música completamente distintas, aunque nazcan del sentimiento del hombre, vamos. Es decir que como de Sevilla me gusta mucho el flamenco, pero no ese flamenco que se exhibe en las salas especializadas ya, sino ese flamenco que de pronto surge cuando uno se siente con ganas de expresar su interior, su alegria, su eufórica ... . Es decir, que me conmuevo cuando oigo un buen fandango o unas buenas bulerías bien cantadas. Por otra parte también soy joven, como dije antes, y me gusta también la música moderna. Antes tenía mucho más tiempo para oirla, ahora, no sé, quizás me he entregado más a los estudios, por las ganas que tengo de acabar la carrera, y me quede menos tiempo libre para oir la música. Pero yo creo que también se le debe dar su importancia, y no debe ser tan criticada como ha sido, porque se piensa que es producto de unos jóvenes locos y rebeldes, sino que cada época, tiene su música, y la nuestra, aunque aparentemente sea un poco sin sentido, también es producto de la juventud actual.

–¿Qué piensas hacer cuando acabes la carrera. ¿Piensas colocarte en un instituto?. ¿Piensas prepararte oposiciones?. ¿Piensas casarte y no hacer nada?. ¿Qué piensas?.

–Pues, la carrera espero acabarla en junio para poder sobre todo ejercer. Quiero empezar a trabajar el año que viene. Creo que es necesario, primero, en realidad por dinero, para qué vamos a decir lo contrario, pero también porque creo que la enseñanza nos mantiene siempre en contacto con la juventud, con los problemas que ella sucesivamente va teniendo. Y también significa un salir de nosotros mismos. Porque hasta ahora, estudiando nada más, hemos vivido encerrados en nosotros, con nuestros libros, con nuestros problemas de exámenes. Pero creo que cuando nos enfrentemos a los alumnos, pues, sabremos dar algo de nosotros mismos. También espero casarme, claro. Si no este mismo año, el año que viene. Cuando entre dentro de las posibilidades. Y también tengo en mente hacer otra especialidad, no es seguro, pero como con mi especialidad de Arte no se puede conseguir una cátedra ni una agregaduría, sino que existe nada más, cátedra y agregaduría de Historia, pues, pienso hacer la especialidad de Historia para que me sean más fáciles preparar esos temarios. Mis metas por ahora es hacer una oposición y mantener siempre, no sé, ese afán de estudio, de lectura, de avanzar, eso. No sé, de superación. Que no me case y me quede limitada a eso, a lavar los niños, a llevar la casa, y a esperar al marido pacientemente. Porque creo que una mujer que sale a la calle está más capacitada para, después, cuando llegue el marido cansado, como ella también lo está, comprenderse mejor, y no esperar que el marido la comprenda o que ella comprenda al marido. Porque, claro, él viene de un ambiente de trabajo, ella también está en su casa agobiada por los problemas de ella, así que si los dos salen a la calle, a la hora de encontrarse los dos en su casa, saben lo que ... . Sabe ella lo que es trabajar fuera y lo que es venir cansado. Estos son mis pensamientos aunque después en la vida se plantean ya los problemas de llevar la casa por delante. Porque como es lo tradicional y lo que en realidad le va a cada sexo, el que la mujer lleve la casa y el hombre sea el que traiga el pan a ella ... . No sé, entonces, cuando llegue esa situación, lo que entonces podré hacer. Hoy día se están dando ya muchas soluciones con el problema de las guarderías. Convence por una parte pero por otra pues se deja al hijo como un poco aislado de una misma y no le puede quizás guiar, y no le puede orientar con esa facilidad que si tuviera a la madre al lado.

-Como última pregunta, ¿dime si has viajado?, y si no has viajado ¿qué cosas te interesan más conocer, qué cosas te atraen más?.

-Pues a lo que yo he hecho hasta ahora no le llamo viajar. He conocido ciudades de Andalucía. Córdoba, Granada, Málaga, Huelva. Y ahora, recientemente, he conocido una ciudad de Extremadura, Cáceres. Y después, ya subiendo un poco, conozco Madrid y Toledo. Pero, vamos, cosas de estudiantes, de colegio, sin captar su ambiente, vamos, porque creo que no lo conozco. Después en Arte se me ha presentado la oportunidad de hacer, en tercero, un viaje a Paris, y en cuarto un viaje a Italia, pero por posibilidades económicas no he podido ir. Este año se nos plantea el hecho del viaje de fin de curso y quizás pues podamos ir, según el dinero, o a Grecia, o a Londres que nos sale más barato. Grecia me encanta, me gustaría mucho conocerla, he tenido referencias por compañeros de cursos anteriores que dicen que les atrae mucho, sobre todo los monumentos griegos pero, que, en realidad, el ambiente es pobre y no seduce mucho. Que, sacando los monumentos, Grecia no les ha llenado tal como ellos esperaban. Por eso, yo me inclino más por conocer Londres porque ya captaría más el movimiento juvenil en todas sus manifestaciones, tanto de las modas, que antes hablamos del vestir, como sus diversiones, sus distracciones y también todo el ambiente. También, claro, pues visitaría la National Galery, la Torre de Londres, el Parlamento, que hemos estudiado este año, que nos han dicho que es un pastiche histórico. Y también me gustaría conocer sobre todo Paris. Me quedé con muchas ganas de visitarlo. Y también el Louvre, Montmatre, que no sé si lo he pronunciado bien, porque es el ambiente que se estudia mucho en arte comtemporáneo, porque es el ambiente de los pintores. Esa vida completamente insegura, viviendo nada más que de sus manifestaciones y sin pensar en el futuro.

ENCUESTA: C 1 H 3.

EDAD: 26 Años.

PROFESION: Profesora de Universidad.

—Vamos a entrevistar a mi compañera de seminario, Emilia. Y antes de empezar la charla habitual, le vamos a preguntar la serie de datos que es preciso rellenar. Así, Emilia, tú ¿dónde naciste?.

—Nací en Sevilla, en el barrio de Santa Cruz.

—Bien. Tú después me rellenas todas esas cosas que hacen falta aquí. Bien, ¿qué edad tienes?.

—Veintiséis años. Ya te has enterado.

—¿En qué lugar fuiste o asististe a la escuela primaria?.

—Aquí en Sevilla, en la Escuela Francesa.

—¿Era una escuela particular privada, o está subvencionada por el gobierno francés?.

—Por el gobierno francés está subvencionada.

—Muy bien. Y el bachillerato ¿lo hiciste también aquí?.

—Bueno. El bachillerato .... . Es que el bachillerato lo hice yo prácticamente sola, en dos años, porque yo en la Escuela Francesa me dediqué a estudiar Francés, única y exclusivamente. Unos cursos que había para sacar unos diplomas. Y luego, cuando tenía quince años, me dí cuenta que tenía que hacer algo más y me decidí a hacer el bachillerato y lo hice libre, menos el preu, el preuniversitario, que lo hice en Ifar. Lo demás lo hice por mi cuenta con algunos profesores particulares.

—O sea, el preu lo hiciste en Ifar me has dicho. Vamos a ver ¿tú has conocido allí a un profesor que se llama Agustín?.

—No.

—Que es médico.

—¿Médico?, daría ciencias posiblemente.

—Daba Biología.

—Biología, no. A mí me dio otro señor Biología. No me acuerdo quien era.

—Vamos a ver. Bien. Estudios superiores, por supuesto.

—Lo mismo que tú. Aquí, en la Facultad.

—Lo hiciste aquí.

—Aquí en Sevilla.

—Bien. Y actualmente eres profesora en Lengua y en Francés.

—En Francés, sobre todo, vamos.

—Vamos a ver, Emilia, tus padres ¿donde nacieron?.

—Pues verás, mi padre nació aquí en Sevilla. Mi madre, no. Mi madre es ... . Cómo se llama esto ... . Yo no me acuerdo ... . De un pueblo ... . De Rociana, eso. Pero vamos, con un año creo que se vino a Sevilla, o sea, que ella es de Sevilla prácticamente.

—Bien. ¿Y tu marido?.

—Alfonso nació aquí también, en Sevilla.

—¿Sevillano de pura cepa?.

—Sí, de pura cepa.

—Muy bien. Y, ¿has vivido algún tiempo fuera de Sevilla?.

—Yo, aquí siempre en Sevilla, menos los veranos que me he ido algunas temporadas fuera, pero nada más.

—Bueno. Emilia, ahora puedes empezar, ya tienes tú libertad de palabra. Empieza a contarnos algo, en fin, tus proyectos para el futuro, estudios, tu tesis doctoral.

—Bueno, lo primero que tengo entre ojos es la tesis doctoral, como tú bien sabes, no?, pero que no sé cuándo la acabaré, pues cada vez la veo más larga y más liada. Así que no sé. Y luego a mí me gustaría hacer algunas oposiciones a instituto, agregaduría de instituto, pero, no sé ahora mismo. Si te pones a prepararte una oposición tienes que dejar lo demás de lado, y lo que interesa más es la tesis doctoral, porque ya luego vas con muchísima más seguridad y más posibilidades a todas las oposiciones que hagas. Así que no sé. Si tengo suerte y el año que viene me dan algo en el Departamento de Francés, seguiré allí, si no, no sé lo que haré. Yo ... . Me gustaría que me dieran algún encargo de curso, para poder practicar más en la enseñanza y dar algunas clases. Eso por lo pronto.

—Bien. Y hablando del Departamento de Francés, ¿qué te parece tu jefe?.

—Hombre, no sé, verás, qué te digo. Yo lo conozco única y exclusivamente como jefe de departamento y lo que te puedo decir es que lo poquito que se está haciendo lo está haciendo él, porque hasta ahora, tú lo sabes tan bien como yo, estaba totalmente muerto el departamento, que ahí no había nada, y él está haciendo todo lo posible por lenvantarlo, porque haya una biblioteca en condiciones, porque los estudiantes se interesen por la lengua y vayan allí a estudiar, a trabajar. Se están haciendo tesinas por lo pronto. Alguna tesis doctoral también está dirigiendo él. O sea, que, claro, él se está moviendo. Pues, por supuesto que es que a él le interesa. Pues, es lo que él pretende, y quiere presentarse a la agregaduría, como profesor titular del departamento, pero, vamos que, desde luego, está trabajando por el Departamento de Francés.

-Bueno. Emilia, háblanos, por ejemplo, de tu marido, yo no lo conozco.

-¿Qué quieres que te diga, cómo es físicamente?.

-Físicamente no, como persona, como médico.

-Como médico creo que es bastante bueno, por lo menos la gente tiene buen concepto de él. O sea, es que estudia muchísimo, le gusta mucho la medicina, y él, desde que acabó la carrera, por supuesto, no ha dejado de estudiar nunca. Todos los días le dedica unas pocas de horas al estudio. Está también haciendo la tesis doctoral y está en el hospital, porque a él lo que le gusta es la universidad. O sea, que él no se quiere ir a otro lado, está ahí aguantando, porque ahora mismo, tú sabes que el hospital no tiene medios ninguno, está fatal, desde todos los puntos de vista. Apenas tiene enfermos ya, pero él está ahí aguantando porque él quiere, un día, cuando se cree el nuevo hospital, que dicen que es pronto, no sé, lo dudo, una jefatura de algún departamento nuevo. El hace Medicina Interna, pero dentro de la Medicina Interna lo que más le gusta, lo que más le interesa, es la Nefrología, y él está haciendo, aquí en Sevilla, sesiones de riñón artificial. Hace diálisis peritoneales, diálisis peritoneales ... . Sí, diálisis con riñón artificial y peritoneales, tú sabes, no?. O sea, que le hacen un agujero en el vientre y por ahí ... . No sé. Pero es que en el hospital, tan sólo hay un riñón artificial, y además no funciona. Entonces, él ha aprendido en la residencia del Seguro. Se fue unos cuantos días ahí, a la residencia, que allí, en la residencia, tienen unos cuantos riñones. Lo aprendió, y claro, los enfermos que lleva que son de riñón, y que necesitan diálisis, pues él los hace. También ha hecho biopsias renales, que, claro, en el hospital tampoco lo hacía nadie. O sea, que él hace lo que puede dentro de los medios que tiene, porque, claro, no tiene medios ningunos, nada, vamos, ya te digo, prácticamente nada. Así que ... . Pero él piensa que eso, que en el hospital podrá tener algún día algún puesto importante. Vamos a ver si es verdad. Porque es que, desde luego, él, vamos, no sé si piensa algún día presentarse a algunas oposiciones a agregado de universidad, pero es que, además, en el departamento, en la cátedra esa, no tiene posibilidades ninguna, o sea, no la tiene por ahora. posibilidades no tiene. Ya te digo.

—Bueno. Un segundo, eh?.

—Sí.

—Bueno. Emilia, tengo entendido que tú has viajado mucho.

—Sí.

—Cuéntanos algo de tus viajes. El de bodas. Después el viaje a Estados Unidos que has hecho.

—A Estados Unidos ha sido muy interesante. El de novios también porque llegamos hasta Hungría, y ... . O sea, es un país bastante interesante. Se ve una gran diferencia, desde luego, con el resto de Europa. Cuando entras en Hungría se ve la pobreza, y la ... . O sea, a mí me decepcionó bastante. Además, eso que dicen ... . Hungría es un pais muy bonito, sobre todo Budapest, es una ciudad preciosa, es muy bonita, pero claro, se ve un nivel de vida bajísimo. Y sobre todo, una cosa que yo me creía que no era cierto, y, que, desde luego existe en realidad. O sea, toda la frontera está cercada con sus alambradas, sus casamatas y sus policías con sus metralletas continuamente apuntando. O sea, que es enormemente desagradable. Yo no me creí que fuera cierto aquello, pero, desde luego que existe. Luego también he estado en Varsovia, pero claro a Varsovia fuimos en avión, pero Varsovia es todavía un pais,

por lo menos la capital, o sea, Polonia, y estuvimos
en Varsovia nada más. De Polonia sólo vimos
Varsovia. Y la más pobre que yo he visto en los días
de mi vida. Vieja, muchísimo más que Hungría, porque
es que lo que ocurre es que en Budapest hay mucho
turismo, sobre todo sudamericanos. Yo no sé, los
hoteles estaban siempre llenos de sudamericanos.
Claro, la misma frontera con Austria está bastante
cerca de Viena, porque se tardan sólo unas horas
nada más en llegar. Aunque las carreteras no son
buenas, pero vamos ... . Y hay mucho más turismo.
Mientras que, en Polonia, no, por lo menos, el norte
de Polonia es pobre, pobre, pobre al máximo, vamos.
La gente va fatalmente vestida, todas las mujeres
con sus canastitos, sus trajes muy pobres, con sus
pañuelos a la cabeza. Eso era en Varsovia, la
capital, y además no están ... . No vivían
contentos, en absoluto, con el régimen que tienen.
Ninguno. O sea, no podías hablar. Nosotros hablamos
con algunos y nada, los tienen contínuamente
vigilados, porque conocimos a un adjunto de
medicina, de una de las cátedras de Médica, y el
pobre vive lo más miserable del mundo. Nos invitó a
tomar café en su casa, y este señor tenía ... .
Sabía las personas que íbamos a ir y tenía una taza
de café para cada uno, se presentó uno de más, que
él no esperaba y tuvo que llamar por teléfono al bar
para que lo subieran. Y además puso mantelitos
individuales, y cada uno distinto, todos zurciditos,
recosidos. Y una casa pobre. O sea, que, muy triste,
muy oscura. Y nos estuvo contando que, ahora mismo,
tenían ya una enorme libertad, no?, porque los
dejaban hacer más. Pero que los teléfonos los tenían
totalmente intervenidos y que él podía hablar mal
del gobierno si quería, pero, por supuesto, todo eso
se lo grababan, lo cogían y claro si algún día lo
cogían por cualquier cosa, pues todo eso eran
pruebas que tenían en contra suya. Y además, por la
calle estaban contínuamente, también, vigilados.
Nosotros íbamos andando por la calle, y nos dijo
eso, "fijaros en esos señores que van por ahí, todos
ellos son agentes secretos". Y están contínuamente
vigilados, no los dejan. Y los sueldos que tienen
... . Yo no me acuerdo. Este señor, que era adjunto,
ganaba algo así como ocho o nueve mil pesetas, o

sea, mi sueldo.

—Bueno. Pero entonces ¿el ritmo de vida ...?.

—Vivir, fatal.

—También será más bajo que en España, no?.

—Mira, los precios ... . Yo me quedé helada cuando vimos, sobre todo, los precios. Allí no hay nada que comprar, porque no merece la pena, sabes?. Allí no hay nada bueno. Pero la ropa, los escaparates que estuvimos viendo, los trajes de caballero, eran horrorosos de feo. Se veían pobres, mal hechos, y los precios eran de diez o doce mil pesetas al cambio, o sea, vuelto a pesetas. Luego, los bolsos de señora ... . Te acordarás de eso. Hace muchísimos años, se llevaba eso transparente, eso que es muy brillante, tú sabes, pues de plexiglás eran los bolsos. Costaban alrededor de mil y pico de pesetas los bolsos. O sea, por eso las gentes a nosotros nos habían dicho, "llevaros mucha ropa, sobre todo la ropa interior". A las señoras de los médicos polacos les encanta la ropa interior europea y todas las cosas que se llevan, no?, y nos dijeron eso, "llevarse ropa porque es seguro que os la compran". Y había muchas señoras que se han llevado muchas cosas y luego se la han vendido a las pobrecillas de las señoras de los médicos de allí. Y los pobres médicos polacos se notaba una diferencia con los demás, los zapatos rotos ... . Tú no te puedes hacer idea, de verdad, un aspecto de pobres tremendo, tremendo que temían. Cuando llegamos al aeropuerto, lo primero que nos pasó, nos bajamos del avión y, al salir fuera a coger el autobús para que nos llevara al centro, un montón de niños chiquitillos se nos acercaron pidiéndonos chicle. O sea, una cosa como tú veías, bueno, tú no has visto ni yo tampoco, pero vamos, hace muchísimos años, aquí después de la guerra, las criaturas. Vamos, que aquí no había chicle ... . Que estaban, no?, los chicles ... . O sea, no, que se veía un nivel de bajo, tremendo, un nivel muy bajo. Y eso que creo que en Rusia a Polonia la llaman "la rica Polonia". Creo que el sur es mejor, eh?. El sur es más rico, tiene más industria, tiene más vida. Pero desde luego Varsovia, además, está prácticamente destruída. Claro, muchísimo que no han vuelto a construir, muchas partes destruídas. Y hace un frío horroroso, además. Era en septiembre. Hacía dos o tres grados bajo cero. Y tampoco ... . Que Varsovia como ciudad no vale gran cosa, no vale nada. Así como Budapest, sí. Fuimos allí por un congreso que había de diabetes, un congreso mundial de diabetes, que había. Pero para ir allí llegamos hasta Copenhague. Tuvimos ... . Bueno, atravesamos Francia, Alemania. En Alemania estuvimos en Heidelberg, estuvimos en Hamburgo. En Hamburgo cogimos un barco y llegamos a Dinamarca. Embarcamos los coches también y llegamos hasta Copenhague. En Copenhague estuvimos unos días, luego cogimos el avión a Varsovia y de Varsovia otra vez a Copenhague y de Copenhague nos fuimos por Holanda. Estuvimos en Amsterdam. Holanda es una maravilla de país. La Haya, Amsterdam y Rotterdam ... . Esa ciudad ... . Luego estuvimos en Brujas, en Bruselas, y, a la vuelta, estuvimos en Francia. Estuvimos en París unos días y nos vinimos para acá.

—O sea, se nota la diferencia entre la parte oriental de Europa y la occidental, no?.

—Muchísimo, vamos, muchísimo. Vamos, yo conozco Hungría, de Hungría Budapest y de Polonia Varsovia nada más. Pero sobre todo Varsovia fue tremendo, vaya. Se veía la pobreza por todas partes. Bueno, fíjate, hay taxis, claro, como en todos lados, pero entonces a nosotros nos ocurrió una cosa muy rara. En las paradas de taxis tú tienes que hacer cola igual que si fuera un autobús, y entonces van llegando los taxis, y por turno, los vas cogiendo. Pero nosotros, al principio, no sabíamos eso, nosotros veíamos un coche que nos parecía un taxi, y, no sé, hacíamos señas y te paraban siempre y nos montaban, y, yo miraba y decía, "bueno, esto no tiene cuentakilómetros, banderilla ni taxímetro. Qué cosa más rara". Cuando llegamos al sitio que fuera, preguntábamos, "¿cuánto es?", "no, lo que ustedes quieran". O sea, eran taxis piratas, señores particulares, los pobres, que para hacer un poco más de dinero se dedicaban a cosas de esas. Y luego, bueno, te paraban por las calles. Fíjate, creo que los cogen y los meten en la cárcel, por lo visto, no?. Estaba totalmente castigado y penado, perseguido, comprarte dólares. Oye, un ansia de dólares. Nos daban por un dólar yo no sé qué cantidad de eslotis, que es la moneda polaca, pero un montón. Lo que pasa es que luego nosotros no lo vendíamos porque es que luego no nos interesaba. Porque, qué hacíamos con los eslotis, si nos sobraban eslotis por todos los lados. Y luego en la frontera no te los cambiaban, tenías que dejártelos. O sea, que era dinero que perdías. Y tienen otro sistema también que es pagar por bonos, unos bonos, o sea, tú compras ... . En lugar de comprar eslotis, en lugar de comprar la moneda, compras esos bonos, y, claro, es que es un negocio que tienen ellos montado con eso de los bonos, porque con los bonos, si tú compras ... . Esos bonos son del estado, entonces tú compras bonos y, por un esloti, por la peseta te dan muchos más bonos que eslotis, o sea, que tú sales ganando al cambio. Pero lo que ocurre con esos bonos es que cuando tú llegues a la frontera, si te han sobrado no los puedes cambiar, o sea, que se quedan con ellos. ¿Comprendes?. No te devuelven el dinero, mientras que los eslotis algunos te los devuelven, otros no. Luego, a la entrada de la frontera, tuvimos que declarar todo el dinero que llevábamos en pesetas, en marcos, en francos, pero totalmente detallado al céntimo. Y, al salir, otra vez nos lo volvieron a ver, a comprobar, a ver lo que habíamos gastado, en qué lo habíamos gastado. En Hungría no fue así, en Hungría no hubo problemas de ese tipo.

-Bueno. Emilia, ¿qué te parece ...?. Bueno, ¿qué diferencia has notado con el viaje a Estados Unidos en ese aspecto?.

-En Estados Unidos es todo lo contrario, no?, en Estados Unidos todo se hace a base de grandeza, de dinero y de riqueza, no?. Eso se ve, por supuesto. Ahora que a Estados Unidos no me iba yo a vivir ni amarrada, vamos. No, porque es una vida totalmente distinta, no ya a España, por supuesto, sino a todo el resto de Europa. Es un ritmo de vida y un sistema de vida muy distinto. Y que nosotros no nos podemos adaptar a ellos, no?. Es más, viven ... . Sí, tendrán todas las comodidades del mundo, dinero, todo lo que quieran, pero viven asustados prácticamente, porque allí, a partir de las siete de la tarde ya no se puede salir a la calle. Además que te lo dicen. A nosotros, aquí, en Sevilla, ya nos lo habían dicho. Pero es que llegamos a Nueva York y en el aeropuerto conocimos a una señora rusa, pero que había vivido toda la vida, por lo visto, allí, y, nos lo aconsejó. O sea, que nos dijo que era su obligación advertirnos que no saliéramos a partir de las siete de la tarde.

ENCUESTA: C 1 H 4.

EDAD: 22 Años.

PROFESION: Estudiante de F. y Letras. (Maestra).

—¿Dónde naciste?.

—Nací en Sevilla, hace ya veintidos años, el día doce de octubre del año 1.950. Mis padres son de Sevilla. También he vivido siempre aquí. Mi padre de Sevilla capital, mi madre, de un pueblo de la provincia. De pequeña vivió allí, pero después en Sevilla capital, en un barrio céntrico, en San Martín, en el número dos.

Estudié de pequeña en un colegio de la misma plaza, se llamaba Cristo Rey, y allí hice hasta los primeros años de la primaria o hasta los siete u ocho años. De allí me fui a otro colegio, a las Teresianas, en donde estudié el bachiller hasta cuarto y luego hasta sexto y después, de allí, me fui a la Normal que hice los tres años de la carrera de Magisterio. Actualmente soy maestra hace ya dos años. No tengo oposición porque desde que la terminé no se han convocado y estoy ahora mismo en régimen de contratada sirviendo un servicio, ahora mismo, en Camas, en una escuela nacional, en una escuela estatal, niñas y niños, segundo curso y estoy muy bien, muy contenta.

—¿Y por qué hiciste Magisterio en vez de haber hecho otra carrera?.

—Porque yo desde pequeña tenía verdadera vocación por la enseñanza. Hasta tal punto que yo me acuerdo, de bien pequeña, de haber jugado a clase, a dar clase, con las mismas sillas de mi casa y siempre he tenido .... Incluso, ahora mismo, para mí, supone el trabajo no forzoso. Para mí supone el trabajo bastante alegre, bastante bonito. De tal forma que yo las horas que estoy en clase no son horas pesadas ni mucho menos, son horas que yo, para mí, tienen un encanto especial distinto al resto del día. Incluso, muchas veces, cualquier preocupación que yo tengo de cualquier cosa me la alivia el mismo trabajo. De tal forma que es eso, un verdadero alivio y un verdadero gusto. Aunque comprendo que naturalmente no deja de ser un trabajo. Ahora que estudio Filosofía, pues, también con el tiempo me gustará, pero nunca como Magisterio que desde pequeña ha sido mi verdadera vocación.

—¿Qué asignaturas te han gustado más de la carrera?.

—Mira, me ha gustado de la carrera Sicología, Sicología bastante, Sicología Infantil, desde luego, siempre. Porque siempre me han gustado los niños como ya te he dicho. Sicología y Matemáticas, porque las Matemáticas siempre me han gustado. Poco la Pedagogía, porque la Pedagogía que actualmente se tiene, y todo lo que se estudia en el libro, es una cosa teórica, y yo soy completamente enemiga de las cosas tan teóricas que luego son imposible llevarlas a la práctica. Aunque, claro, la Pedagogía siempre como conocimiento, conforme. Como cosa teórica no me ha gustado, y como siempre se dan las cosas así, no. Las cosas de ciencias menos. Las cosas de trabajos manuales, Dibujo Artístico también, porque a mí me gusta bastante la cosa de la parte artística, tanto Música, como Dibujo, como Trabajo Manual. En fin todas las cosas que son de esto me encanta. Así que esa parte también. Aunque yo reconozco que yo personalmente tengo poca habilidad pero, en fin, el arte me gusta apreciarlo, me gusta, me encanta, sí.

—¿Y Sevilla como ciudad qué te parece?.

—Pues mira, yo ... . Sevilla como ciudad, francamente, me parece estupenda, bonita, alegre, en fin, todas las cualidades que en España y en el mundo entero cualquier persona diría de Sevilla. Ahora, como sevillana y como persona, francamente a

mí me da pena. De todas formas que si es fuera de
Sevilla o fuera con otras personas que no son de
Sevilla, yo la defiendo. Si somos sevillanos, yo no
la defiendo, porque a mí me da pena de Sevilla y del
abandono que la tenemos y la forma que está, lo poco
que el sevillano se preocupa de ella, en eso. El
abandono, en una palabra, lo dice todo. Porque algo
que se dice que no repercute en el sevillano
cualquier mejora. De tal forma que parece que ni las
mismas personas encargadas de centros estatales o
centros oficiales que seríamos los más encargados de
eso, pues no, no tenemos cuidado de ella. El
sevillano de por sí, dejado. Alegre, bonita como
siempre ha sido Sevilla y mucho más en primavera,
que es la época más linda. Pero nada más, de eso,
nada más. Aparte de eso, la agricultura cada día se
abandona más. La industria. Para que alguna
industria prospere en Sevilla a base de un trabajo
horroroso. Abandono completo en todos los sentidos:
en enseñanza, en agricultura, trabajo, arte,
juventud. En todas partes abandono completo, como en
el resto de las demás ciudades. No digamos, sobre
todo, como en paises del extranjero ... . Mucho más
cuando vienes de cualquier ciudad y entras en
Sevilla. No digo una ciudad sino una aldea es poco
comparado con ella.

   -¿Qué periódicos lees?.

   -Periódico, normalmente y a diario, ABC
normalmente, que es el periódico que en casa estamos
suscritos, y el periódico que normalmente lo leo
antes de acostarme, por la noche. De día le suelo
dar un vistazo en general, pero de noche ya
profundizo un poco más. Después, si entendemos
periódicos lo que se publica periódicamente, pues
una revista que editan las teresianas que se llama
Crítica, que viene a salir cada mes. También suelo
leerla normalmente. Y rara vez, por ejemplo, el
Correo de Andalucía o Ya, o cualquier cosa así. En
plan de revista, con asiduidad, ninguna.

   -¿Qué te parece la televisión, qué programas te
gustan más de ella?.

-Pues mira, yo la televisión, en realidad comparándola con otros paises conozco muy poco, porque el único país que conozco es Italia, y francamente .... . Así que no puedo decir qué me parece televisión porque en realidad, la única que conozco es televisión española y los programas, por el trabajo, no suelo tampoco ver mucha televisión, y francamente la televisión a mí me aburre. Sentarme horas a ver la televisión .... . Veo quizás un programa determinado que más o menos me guste. Me gusta por ejemplo, los programas de "Estudio 1", pues, porque a mí personalmente me gusta el teatro, tanto teatro clásico, como teatro moderno. Me gusta el teatro, entonces, lógicamente aunque sea un tostón la obra de teatro, como a mí me gusta el teatro, lo veo. El cine, si es buena la obra, la película, también la veo, pero pocas veces, porque a mí me gusta más el teatro. Así que pocas veces veo una obra, una película completa, pocas veces. Luego, pues, programa de tipo informativo veo todo, bien sea por ejemplo, "Veinticuatro Horas" o .... . De tipo informativo cualquiera. Y de concursos, pues, rara vez alguno. En momentos de distracción. Y también con bastante frecuencia los programas infantiles, no para mí personalmente, porque me guste, sino porque siempre me dan ideas para el trabajo. Programas infantiles, bastantes.

-Y sobre música ¿qué tipo de música te gusta, la música clásica, pop, en fin qué tipo de música?.

-La música, aparte del teatro, pintura, escultura, la música es una de las cosas que a mi sensibilidad le toca más. Quizás, la música dicha así en general .... . A mí me gusta toda la música, de tal forma que a mí no me aburre, como dicen vulgarmente la gente, ni una música clásica ni una música pop, ni una música folklórica, ni una música regional, ninguna, ni la música folk, ninguna .... . De tipo de música, nada. De tal forma que yo soy capaz de aguantar tan perfectamente un concierto de música clásica, como un festival de música pop, como un recital, por ejemplo, de música folk. Me gusta también el tipo de música de un solista, me gusta también la música de un conjunto moderno, un conjunto de varias personas

cantando. De cualquier tipo. A mí me gusta la
música. Sin embargo la música folk quizás sea la que
más, dentro de que me gusta todo, quizás sea la que
más me gusta. La música clásica, pues, me gusta
bastante, también. Cine, poco, a mí el cine me gusta
poco, de tal forma que la persona que le guste el
cine y hable conmigo ... . O sea, que no me gusta el
cine. Pues, mis amistades cuando vamos a cualquier
sala de estreno ... . Yo aguanto el cine, no es como
el teatro que yo disfruto en el teatro o con la
música, yo aguanto el cine. Para mí el cine supone
una evasión, el pasar un rato agradable, o un rato
aburrido o algo así, pero para mí un momento de
película buena, por muy buena que sea, si dura
tiempo, a mí llega a cansarme, por muy buena que
sea. A mí no me atrae la atención el cine casi
nunca, muy pocas películas. Por eso sencillamente yo
voy a ver películas cómicas porque para mí el cine
es motivo de evasión, y entonces problemas no quiero
en el cine y como no me gustan, como me aburre el
cine, no voy a ver películas que generalmente a mí
me creen problemas. Películas que cuando yo salga
del cine salga contenta o por lo menos igual que
entré, pero nunca con problemas de cualquier tipo.

–¿Y la moda?, en el vestir sobre todo. Me gustaría
que me dijeses qué opinas, sí. Yo qué sé. ¿Te gusta
la moda sport que está actualmente o prefieres, como
antes, que había una moda mucho más clásica?. En
fin.

–La moda, porque yo soy práctica y porque yo soy
cómoda ... . Qué quieres que te diga. Me gusta la
moda corriente de todos los días, de llevar un
jersey y una falda sport y una blusa y un pantalón y
cualquier cosa de esta. La moda es mucho más cómoda
ahora, empezando desde el zapato, hasta terminando
... . Hasta, no sé, hasta el peinado es mucho más
cómodo. Actualmente mucho más. ¿Qué es más
elegante?. Quizás sea mucho más elegante ... . Que
la gente no vestimos, y mucho menos la gente joven
... . Pues quizás. Pero también la vida evoluciona,
la moda tiene que ir evolucionando, los gustos van
evolucionando, los colores evolucionan, todo en
realidad. A mí me gusta ... . Quizás si hablara con

una persona que tuviera mucho más edad pues te diría
que no, que es una catástrofe. Yo la encuentro bien,
incluso no es que la encuentro bien, es que lo que
más me gusta es que cada uno viste como quiere, y
generalmente nadie le da importancia. No tiene nadie
por qué pensar ni que viste mal, ni que viste bien.
cada uno viste a su estilo, a su comodidad. Y no
vamos vestidos en un tipo standard como antes
vestían las personas de hace veinte años. Todos con
sus camisas, su americana, con sus trajes de
chaqueta o sus abrigos en tal tiempo, a estrenar en
tal fecha, o no en tal fecha. Hoy la gente pues
... . No sé, hay más anarquía en ese aspecto.

-¿Te gustan los deportes?.

-Los deportes. Para mí ... . Francamente el
deporte no me gusta. La prueba está que yo soy bien
gordita. Que el deporte no me gusta. Ahora, respeto
completamente la persona que le guste el deporte, y
veo que hace muy bien en fomentar ese deporte.
Quizás, en mis tiempos, me lo debían de haber
fomentado más y hubiera llegado ahora, cuando
hubiera tenido mi edad, a fomentarlo, o haberlo
practicado. No sé, por lo menos haber sido
entusiasta. Yo soy una persona bastante tranquila, y
yo si se trata de ver un partido bien sea de
baloncesto, balonmano, o fútbol, lo veo
tranquilamente, pero para mí no es una afición el
deporte. De los toros más vale no hablar porque yo
para mí no hay cosa más salvaje que los toros. Que
los romanos en aquel tiempo pusieron aquello, bien,
pero que en la época actual el hombre disfrute
viendo como otra persona ... . No sé, que el toro
sea el enemigo de una persona, eso en mi mente no
cabe. Y mucho menos que otras personas disfruten
viendo a aquella persona sufrir, con aquella persona
que está jugando la vida. Para mí los toros sería
punto y aparte. Eso, ya ni siquiera a fomentarlo, es
que para mí sería terminantemente prohibido.

-¿Has viajado?. Y, ¿qué cosas te han gustado más
de las cosas que has visto?.

-Pues mira, he viajado. España no entera, pero

gran parte de España. Casi todo. Desde el norte, desde La Coruña hasta Irúm completamente. Despúes la costa del Mediterráneo entera. Las dos Castillas, bastante. Andalucía completamente. Las islas no las conozco. Las provincias insulares ninguna de las dos pero ... . Despúes, del extranjero Portugal, donde estuve pasando un verano, y parte de Francia, el sur, la Costa Azul y el oeste de la parte sur de Francia. Italia, y nada más. De viajar nada más. De conocer un poco más, Castilla, como ya te dije; Portugal, donde estuve un verano completo. Y lo demás ha sido en plan turismo. Lo que se llama conocer sus costumbres y eso, pues no.

¿Qué es lo que más me ha gustado?. Si te digo de spaña, francamente, de las provincias que más me han gustado, Santander. Una de las cosas que he guardado siempre con más gusto, con más ilusión y con más cariño: los pocos días que pasé en Santander, y el paisaje de Santander y la vida de Santander. Aunque fueron sólo unos días. Del extranjero, Portugal me pareció muy pobre, Lisboa me hizo muy poca mella a mí. Italia sí, porque a mí me gusta mucho el arte y pasé cerca de un mes en Italia y lo recuerdo siempre con gran agrado, y con gran gusto, y disfruté bastante. Y además, el italiano es bastante parecido a nosotros y ... . Pues, fíjate, empezando desde la Piedad hasta el Moisés, en escultura, y siguiendo por la Capilla Sixtina, que te quedas allí sentado y no te acuerdas de cuando te levantas, hasta Milán. Conozco de Italia muchísimo. De España, ya te he dicho, Santander ha sido de las cosas que más me ha gustado, aunque reconozco que cada cosa tiene su atractivo especial y su encanto, pero Santander bastante. Ha sido de lo que más promocionaría de España.

—¿Qué cosas te gustaría conocer, que no conoces?.

—Pues mira, me gustaría conocer París. Ha sido siempre. Y quizás este año vaya a París. Me gustaría conocer la parte de Suiza, también, porque a mí me gusta mucho la nieve, me gusta mucho. Yo muchas veces voy aquí a Sierra Nevada. O sea, la nieve me gusta mucho y la parte de Suiza también. La parte de

Norteamérica, por eso, por la novedad de ver el adelanto, que no creo que sea tanto como nos cuentan ni tanto el oro como reluce. Pero, en fin, también la parte de Norteamérica, también. Y especial, así, Brasil, que si Dios quiere va a tardar poquito, poquito que vaya.

-¿Por qué Brasil?.

-Pues mira, Brasil porque yo tengo familia de Brasil. Porque cuando te hablan mucho de una cosa te entran más ganas de conocerla que si no fuera. Brasil, porque yo creo que es la nación del futuro, y por eso sencillamente, porque hay cosas en la vida que tú tienes ilusión en conocerla. Y cuando venga del Brasil seguramente te diré por qué tenía tanta ilusión en ir.

-¿Tienes novio?, ¿piensas casarte pronto?, ¿dónde piensas vivir?, ¿piensas después ejercer? o ¿qué piensas que será una vida casada ejerciendo?, ¿si es trabajoso, si no lo es?.

-Mira, sí, tengo novio. Mi novio es de Telecomunicaciones y está trabajando en Telefónica. Hace poco tiempo que nos hablamos, todavía no hace un año, y por nuestro gusto hubiéramos estado casados ya, lo único que pasa es que hay que esperar un poco y si Dios quiere nos casamos para el verano. Lo mismo puede ser en junio, que en julio, que en agosto.

¿Y dónde nos vamos a ir a vivir?, todavía no sé, porque él está trabajando en la provincia de Córdoba y si conseguimos lo que queremos, que es que lo trasladaran para acá, pues yo creo que sí, que nos vamos a venir a vivir aquí, a Sevilla. Y si no, no nos queda más remedio que estar un año en Córdoba, y al año siguiente mudarnos para acá. Lo más prontito posible que podamos. No sé si pondremos el piso aquí en Sevilla o nos lo llevaremos a Córdoba todos los chismes. No sé, todavía eso no lo tenemos decidido. Ahora que desde luego para el verano sí, sea como sea para el verano, si Dios quiere, desde luego sí. Y pienso seguir trabajando. El primer año yo creo

que sí, que mientras que la vida no sepamos cómo se
nos resuelve pues el primer año sí. A mí me gusta mi
profesión, yo creo que la época en que estamos la
mujer no está hecha para estar en casita metidita y
no saber nada más que sus problemas de hogar, sino
que también está hecha para eso, para desempeñar una
función dentro y fuera de la casa. El hombre se
tiene que ir desengañando, lógicamente. Que tiene
que hacer la misma función, fuera y dentro de casa,
o sea, que son personas indistintamente, que el
trabajo de personas no es ni masculino ni femenino.
Así que, lógicamente, el primer año intentaré
trabajar. Si fuera tan imposible que no pudiera
llevar la carga, no tendría más remedio que quedarme
en casita, pero de momento mis ideas son seguir
trabajando.

ENCUESTA: C 2 V 1.

EDAD: 44 Años.

PROFESION: Médico.

-¿Dónde realizo los estudios primarios?

-Pues yo realicé los estudios primarios en el ... . O sea, desde el principio, desde que empecé a ir al colegio, en la Escuela Francesa. Y entonces continué allí hasta terminar el bachillerato y pasar a la universidad, a la Facultad de Medicina.

-¿Conoció usted a M. Alex?.

-M. Alex no fue de la época mía, yo cogí la época de M. Fidel, M. Fidel. Y precisamente el año que yo terminé el bachillerato allí. O sea, entonces había siete cursos de bachillerato. Pues fue el último año que estuvo allí M. Fidel y después me parece que vino el señor ese.

-Ya, ya. Después entró usted en la Facultad de Medicina.

-Sí.

-¿Cómo era, más o menos, en aquella época?.

-En la Facultad de Medicina, pues, claro, en realidad cuando uno echa la vista atrás ya se encuentra uno con cierta perspectiva. Yo terminé la carrera el año cincuenta y cuatro, y por lo tanto pues han variado mucho las cosas. Todavía teníamos algunas asignaturas, o sea, en la universidad central, en la universidad de la calle Laraña. Teníamos la Química y la Física en la antigua universidad. Ya desapareció. Y teníamos algunas clases de Fisiología, de Microbiología, de Higiene, en Madre de Dios, compartiendo el edificio con la Escuela de Comercio. Y después, cuando pasábamos a las Clínicas, entonces, que teníamos las clases en el hospital, en el hospital, el antiguo Hospital de la Sangre, o sea, el Hospital de las Cinco Llagas, el hospital de la Diputación Provincial, que también en estos días, o sea, en nuestras fechas, pues ha desaparecido ... . Teníamos, además las clases de Anatomía en el actual, o sea, eso sigue igual, en el Departamento Anatómico. Pero ya han variado las cosas, han variado muchísimo las cosas, porque yo muchas veces, en fin, yo no me considero viejo, pero, en fin, que ya han pasado unos años después de haber terminado la carrera, y me acuerdo de aquellas clases en aquellas aulas tan antiguas, aquellas salas del Hospital de las Cinco Llagas, o sea, el Hospital Provincial, tan renovadas antes de la extinción de la enseñanza en el Hospital Provincial y sobre todo, además el traslado, teníamos unas clases en la universidad, como he dicho antes, unas clases en Madre de Dios, o sea, en la Escuela de Comercio. Entonces había que coger aquellos tranvías. Porque a lo mejor terminaba una clase a las once de la mañana y empezaba en otro sitio a las doce. O sea, había una diferencia de cinco minutos, y teníamos que coger el tranvía, esos antiguos que tanta leyenda, no digo yo negra, sino blanca quizás, pues, le dio a Sevilla, puesto que era una de las características que afortunadamente también se ha perdido. O sea, que ya las cosas han cambiado muchísimo. Los profesores que también teníamos, sobre todo algunas figuras de la Medicina, como el profesor Andreu Urra, el doctor Recasens, han desaparecido, todavía se conserva, jubilado, don Antonio Cortés, una figura eminente en la Cirugía española. Pero ha cambiado muchísimo. O sea, cuando yo veo, a lo mejor, la Facultad, tal como es hoy, los mismos catedráticos, las mismas aulas de enseñanza, la misma Clínica, como se enseña hoy a los estudiantes, han cambiado las cosas. O sea, esto es una cosa que yo, las declaraciones que estoy haciendo las oía de labios de personas mayores, de viejos, y ahora resulta que yo me pongo en el mismo sitio y que también yo recuerdo con añoranza un tiempo que ha pasado, y que ha cambiado muchísimo.

-Y, ¿eran los mismos años de carrera que ahora?.

-Bueno, pues, entonces había .... . Yo no sé exactamente como está ahora, porque ahora me cuentan del C.O.U., el Preuniversitario, de ... . En, fin no sé exactamente como es. Pero entonces no, entonces, había siete años de carrera, o sea, el primer año era el primer año de Facultad, o sea, de Medicina. Empezaba con la Anatomía, en el Departamento Anatómico. Muchas veces era una barrera, una verdadera valla para que algunos desistieran de seguir la carrera. O sea, que era completamente distinto. Y entonces eran siete años, eran siete años. Y el último año, pues, le puedo decir que era un año de práctica. Había quien lo hacía en los siete años, y después, había la mayoría que lo hacía en seis años porque se matriculaban de sexto año, o sea, en sexto curso juntamente con las prácticas de septimo. O sea, que nada más que eran prácticas. Era curioso distinguir, anecdóticamente, ya pensando en el pasado, que los que se matriculaban en el sexto año y en el septimo de prácticas, a la vez, pues eran siempre estudiantes que tenían novia y tenían mucha prisa por acabar y por casarse. Y después los que no tenían novia, ésos lo hacían lentamente y hacían el septimo año de prácticas, que, era bonito en el papel, pero en realidad de poca eficacia, o sea, de poca enseñanza práctica. Han cambiado mucho las cosas.

Bueno, cuando yo terminé la carrera entonces yo me aficioné. Entonces yo era alumno interno por oposición en el hospital, hacía guardia como de alumno interno, y entonces me aficioné a la Cirugía. El alumno interno estaba a cargo de la urgencia, de los tratamientos de las salas del hospital. O sea, las salas pertenecientes a la Facultad de Medicina. El hospital se dividía en dos grandes grupos de salas, unas pertenecientes a la Diputación Provincial, o sea, la Beneficencia Provincial, y otras a la Facultad. Entonces el alumno interno que llegaba por oposición, pues, atendía la urgencia y tratamiento de las salas de la Facultad de Medicina.

Una de las labores, de los cometidos del alumno interno, era ayudar al médico de guardia en la operación. Esa fue mi primera visión de la Cirugía, y fue los primeros pasos donde yo me aficioné a la Cirugía. Entonces, una vez terminada la carrera, pues formé parte de un equipo de la Beneficencia Provincial, del doctor Bernáldez, y allí inicié los estudios míos y la experiencia en Traumatología. Conseguí, entonces, el título de especialista en Traumatología y Ortopedia, el título de especialista en Cirugía, y ya me inicié en esa especialidad.

–Sí, sí, la técnica moderna.

–Los dos grandes avances de la Medicina, o sea en la era antibiótica y sobre todo en la Anestesia, en la parte quirúrgica. O sea, la Anestesia yo creo que ha ido por delante de la Cirugía, y al perfeccionarse la Anestesia ha permitido hacer más operaciones que estaban en la mente de cualquier cirujano, pero ha sido precisamente el avance de la Anestesia, como digo, la que ha podido hacer que se elabore, que se pudiera hacer, una serie de operaciones, que indudablemente estaban lejos de nuestro ánimo cuando iniciamos la especialidad. Un mayor conocimiento de la Anestesia, por una parte, y una técnica que tiene la Traumatología y la Ortopedia en lo que corresponde al instrumental, que ha hecho que se haga un gran avance en la especialidad y una variación grande, o sea, un adelantamiento grande. En fin, yo creo que dentro de la historia de la Medicina, que es un capítulo que a mí me interesa, que en unos veinte años de Medicina que llevo vivida, pues se ha cambiado muchísimo. La Traumatología y la Ortopedia, hoy día, hacen verdaderas maravillas. Estamos en la verdadera época, en la era de las prótesis, es decir, de la sustitución de articulaciones, de miembros enfermos, eh?, por unas piezas, podríamos decir así, a groso modo, para el ajeno a la Medicina, al campo de la Medicina, puras piezas de repuesto. Creo que éste es el camino grande por donde avanza la Ortopedia y la Traumatología.

–¿Y eso de que hablan ahora de la Acupuntura?.

—La Acupuntura. Yo no le puedo decir. En realidad, a fondo, no tengo, en fin, un criterio, un juicio grande sobre la Acupuntura. Creo que es una cosa que tiene dos facetas: una, que se habla a la ligera de la Acupuntura, sin saber lo que es. En eso creo que estamos la mayoría de los médicos. Pero, por otro lado, la Acupuntura es un fenómeno muy serio si se considera desde el punto de vista estricto, científico. Creo que es un campo importante. Estoy hablando un poco sin conocer exactamente lo que es la Acupuntura. Pero, vamos, que haya cátedras de Acupuntura, por ejemplo en Paris, en la Sorbona, que venga de donde viene, del país chino, principalmente, la Acupuntura, yo que he leído algo sobre la medicina "chinoise" de la Acupuntura, creo que es un campo que muchas veces, a lo mejor, lo miramos con escepticismo, incluso con ironía, o con humor, pero creo que es un campo interesante. Yo no tengo una materia de juicio para, en fin, enfocar este problema exactamente, pero creo que sí, creo que tomado en serio hay una serie de sensibilidades ocultas que nosotros no conocemos, en fin, y que, en la práctica, pues es verdaderamente serio y real de que la Acupuntura da su resultado. Yo no puedo hablar exactamente de este problema, no esperaba esta pregunta, me ha cogido un poco a bocajarro, pero creo que desde el punto de vista técnico, ortodoxo, científico, serio, creo que sí. Ahora mismo se habla mucho de Psicología, de Parasipcología. El cerebro es un gran enigma, o sea, nosotros conocemos del cerebro aproximadamente, un poco. Van variando mucho los conceptos del cerebro. El cerebro se usa aproximadamente en un diez por ciento. O sea, que queda ahí un resto que para nosotros es desconocido, y que yo creo que la Medicina, la Psicología, la Parapsicología tienen mucho que hablar en ese campo.

—¿No hay casos en los que la anestesia no es posible de utilizar?.

—No sé la pregunta exactamente como es, ¿cómo es que no se pueda utilizar?.

—Bueno, porque exista una contraindicación con

respecto al enfermo, alguna lesión cardíaca o renal?.

–Sí, sí, sí. En fin, la Anestesia hoy día es una especialidad médica que estudia todos estos problemas. Quizás haya indivíduos donde existe un mayor peligro para la anestesia, no?. Ahora, de una manera rotunda no poder utilizar, no, no. O sea, sería sustituible. Es verdad que hay personas que, a lo mejor, bien aleccionadas, bien estudiadas en el terreno de la influencia del cerebro sobre el dolor, que es comprensible, por supuesto, que se puedan dar, como se dan en algunos sitios la anestesia nada más que por inducción, o sea, por una sugestión sobre el enfermo de que está superior al dolor. Eso por supuesto es verdad, eso por supuesto es verdad.

–¿Dónde nacieron sus padres?.

–Sí, bueno, mi padre era de Sevilla. Mi madre era de la provincia de Córdoba, de Cañete de las Torres, sí.

–Y, ¿ha salido de Sevilla, ha hecho viajes?.

–Pues, he estado en Paris, he estado en Suiza. Precisamente por cursos, he estado fuera de Sevilla. Tengo un diploma del Hospital Provincial de Madrid. He estado en el Hospital de Paris durante dos meses y ahora, en fin, prácticamente salgo muy poco, pero muchas veces por exigencias del tiempo, del trabajo, exigencias familiares, de que es difícil muchas veces dejar a los hijos, tengo cinco hijos, y es difícil planear muchas veces un viaje, en fin. Bueno, algunas veces, la mayoría de las veces, cuando he salido lejos, ha sido por razones de estudio, con motivo de congresos y demás, pero algunas veces también hemos planeado algún viaje exclusivamente por sport, o sea, por viaje, por conocer algo. Posiblemente las menos.

–¿Nunca una estancia de larga duración?.

–No, no, nunca, excepto las vacaciones de verano, que me suponen un mes que me desligo por completo de

mi profesión, pero sí, me sirve para hacer otra
serie de trabajos, pues, poco tiempo, una semana,
diez días, doce días. Quince días lo más.

-¿En qué barrio de Sevilla vive?.

-Pues, a huir del tópico, pero he nacido en el
barrio de Santa Cruz y vivo en el barrio de Santa
Cruz. O sea, que he nacido en la calle de la Vida,
donde tengo la consulta, y después, cuando me casé
tuve la suerte de vivir en una casa de la Plaza de
Doña Elvira. O sea, que no me he movido del barrio.

-Dice usted suerte. ¿Por qué?.

-Cuando uno nace en un barrio se va uno
aclimatando a sus costumbres. Aunque el barrio de
Santa Cruz, en fin, ha variado muchísimo desde que
yo era chico. O sea, desde .... Hasta la
actualidad. Antes era un barrio típico, pero muy de
sus vecinos y sin esa afluencia de turistas. He
contado muchas veces, en otras ocasiones, como
anécdota en casa, que era una casa de estas antiguas
de Sevilla, con su cancela y su patio. Pues,
conocíamos a la gente por las pisadas. O sea, que
estábamos, por ejemplo, en casa y oíamos pisadas y
decía "ahí va fulanito". Y, por ejemplo, mi padre,
que tenía la costumbre de llegar a casa sobre una
hora fija, las nueve y media o las diez de la noche,
decíamos "ahí viene papá". O sea, lo oíamos muchas
veces por las pisadas, porque era un barrio
solitario, un barrio muy de sus vecinos, de sus
convecinos. Pero hoy día con la afluencia turística
ha cambiado por completo. O sea, el barrio, a pesar
de que prácticamente todo él no tiene circulación
rodada, pues, hay buenas visitas, mucho jaleo, en
algunos sitios. Pues, ahora mismo está de moda el
tocar la guitarra y el cantar, y aquel silencio de
que se pudiera analizar las pisadas de las personas
que pasaban, pues, eso ya pasó a la historia, eso ya
pasó a la historia.

-¿En qué año se casó?.

-Sí. Pues, yo me casé en el año sesenta, el año

sesenta. Vamos a hacer cuenta. Me parece que tenía
yo ... . Yo nací el veintinueve, tenía yo treintaiun
años. Entonces, pues, empezaron a venir los hijos.
Tengo cinco hijos. O sea, tengo una, uno, uno, una,
uno. Y el más chico, pues, tiene siete meses.
Gracias a Dios que están bien y son unos niños
estupendos y, en fin, una familia normal sevillana,
un padre que trabaja mucho y adelante, en fin.

ENCUESTA: C 2 V 2.

EDAD: 40 Años.

PROFESION: Profesor de Instituto.

—¿Quieres decirnos, por favor, José Luis, dónde naciste?.

—Pues mira, nací aquí, en Sevilla, en el año 1.931. Nací en el barrio de Heliópolis.

—O sea, que actualmente tienes ... .

—Cuarenta años recién cumplidos. O sea, el quince de diciembre último.

—Cuarenta años recién cumplidos. Y, ¿has vivido siempre en Sevilla?.

—Siempre, menos el tiempo que he estado estudiando fuera de Sevilla.

—¿Ha sido mucho tiempo?.

—Pues mira, seis meses estuve en ... . Bueno, primero terminé la carrera en Madrid. O sea, el curso último de la carrera lo hice en Madrid. Y, después estuve en París seis meses, cuando ya terminé la carrera.

—Y, ¿tus padres son también sevillanos?.

—Bueno, mi padre sí, mi padre es sevillano, y mi madre era jerezana. Al casarse, ya se vino a Sevilla y vivió aquí toda su vida.

—Y tu esposa, ¿también es sevillana?.

—Mi esposa es sevillana.

—También de pura cepa, no?.

—De pura cepa, nacida en la Plaza de los Carros, eh?, calle Feria, casi ... .

—En el corazón de Sevilla, no?.

—En el corazón de Sevilla.

—¿Dónde hiciste la escuela primaria?. ¿Te acuerdas?.

—Pues mira, la hice allí mismo, en Heliópolis, con los Padres del Corazón de María, y ... .

—¿Tienes alguna anécdota curiosa de la escuela primaria?.

—Pues, mira, la anécdota más curiosa, que empezó en la Plaza de Abastos ... . O sea, que en aquella época, no había colegio ni había nada en Heliópolis. Improvisaron allí un colegio de prisa y corriendo, que yo me acuerdo que, vamos, que primero era un barracón enorme, donde los cristales estaban rotos. Y poco a poco se fueron recuperando todo lo que se podía de aquello, del almacén, que era un almacén, y después ya, hasta que se hizo el colegio, que, hoy día, es uno de los mejores de Sevilla.

—Y la enseñanza media, ¿dónde la hiciste?.

—La enseñanza media, la hice después en un chalet, también de Heliópolis, donde una serie de profesores montaron un colegio. Y después, vine aquí una temporada a Alfonso el Sabio, hasta quinto de bachiller, que fue lo que yo hice, antes de ingresar en la carrera de Bellas Artes.

—Bellas artes la hiciste aquí, en Sevilla, no?.

—Bellas Artes la hice toda aquí, en Sevilla, menos el último año que luego terminé en Madrid, a consecuencia de un premio que me dieron del Paular.

Entonces, yo conocí a una serie de alumnos de la escuela de Madrid, que me aconsejaron mucho que fuera a Madrid, por la serie de exposiciones, de museos y de contacto cultural de Madrid, que a mí me vino estupendamente, desde luego.

-Y, actualmente, te dedicas a la enseñanza, no?.

-Actualmente, me dedico a la enseñanza. O sea, he tenido el título guardado durante quince años, que he estado trabajando haciendo exposiciones y pintando, y trabajando con arquitectos. Todo, menos la enseñanza. Que cuando yo saqué el título, parecía que no servía para nada, porque pagaban tan mal, que, en realidad, me traía más cuenta trabajar en las cosas que yo podía, de decoración, de pintura y de exposiciones.

-Pero, por supuesto, que sigues todavía muy interesado por la pintura.

-Sigo interesadísimo por la pintura, soñando siempre con tener tiempo para la pintura, pero la enseñanza me ha venido muy bien también. La enseñanza que yo le procuro ... . Porque recuerdo todo lo que a mí me enseñaron y con el cariño que a mí me lo enseñaron, y yo procuro hacer esto hoy día con mis alumnos.

-¿Qué tal te parece el ambiente en el cual te desenvuelves tú actualmente?. En familia, desde el punto de vista profesional y artístico.

-Mira, hoy, en Sevilla, hay unos altos y unos bajos increíbles, no?, o sea, que, de pronto, te encuentras unas exposiciones magníficas, como se pasan temporadas, unas lagunas, que no ves nada, que no oyes nada. En fin, que estás completamente al margen, no?. Yo me acuerdo que en una conferencia de Ateneo, decían que Sevilla estaba poco más o menos que parecía las estribaciones del Kenia, no?, porque había momentos que parecía que uno estaba aislado de todo, no?, pero, de pronto, te encuentras con cosas sorprendentes, con exposiciones avanzadísimas, con conferencias buenas, con conciertos buenos. O sea, que la cosa es esperar esos momentos buenos, que se organizan en Sevilla.

—¿Cuántos años llevas de casado?.

—¿Años de casado?. Pues llevo trece años justos.

—Y tienes cinco niños.

—Tengo seis. Sí. Tengo tres varones y tres hembras. Muy equilibrada la cosa.

—Y, ¿te satisface plenamente la vida de casado?.

—Pues mira, sí. Reconozco que merece la pena, como todo lo difícil.

—¿Quieres hablarnos algo sobre pintura?. Concretamente, o sobre alguna otra bella arte, puesto que tú eres un artista en todos los casos. Será muy interesante escuchar tu opinión sobre un pintor, sobre una obra, sobre técnicas de pintura moderna. De lo que mejor te parezca a tí.

—Mira, la pintura ... . Yo creo que hay pintura buena y mala, y pintura actual, eh?. Que es un sentir en un término que no sabemos nunca ... . Hay que poner en cuarentena siempre y pensar qué trayectoria lleva ese señor y qué conocimientos tiene, y, en fin, y te encuentras con cosas que verdaderamente no comprendes, de momento, pero que después sí sabes que, por muy avanzada que sea, ese señor ha tenido una preparación, y una sensibilidad, está preocupado por una cosa, y verdaderamente merece la pena ver todo esto y estar siempre al día en todo lo que se está haciendo, no?. Tiene sus lecciones positivas y sus lecciones negativas. Pero que nunca se debe de dejar de ver todo lo que llega, por muy avanzado que sea, porque la pintura ... .

—Os pasa, un poco, como a nosotros en literatura, no?.

—Sí. Exactamente.

116

-Es muy difícil juzgar lo actual.

-Pues claro. Hasta que no pase un poco de tiempo por ella y se ve que ese señor sigue una trayectoria y estaba preparado verdaderamente para seguir en esa cosa, tan avanzado, o sea, no es una cosa snob. Una cosa ... . Como te pasa la mayoría de las veces. Ves a un señor que no ha cogido en su vida un pincel, que emplea unos materiales completamente ajenos a la pintura. Emplea una cosa, que ya no se sabe exactamente si aquello está pintado, o no está pintado, si tiene composición o si no la tiene. Y de pronto te das cuenta de que está en todos los museos más importantes, no?. Y, a pesar de esto, no me convence demasiado. No sé, me quedan mis dudas, no?, pero ... .

-¿Tú prefieres la pintura figurativa o la abstracta o ... ?.

-Pues mira, yo prefiero la pintura buena. La pintura, no sé, la pintura que tenga unos materiales nobles, que tenga un colorido bueno, depurado. Sobre todo, muy sentido, no sé, muy verdad.

-Y, por ejemplo, ¿la escultura te atrae personalmente?. ¿La practicas?.

-La he practicado, pero vamos, en tiempo ... . Únicamente y exclusive en el curso que tuvimos de escultura, o de modelado, mejor dicho, en la Escuela de Bellas Artes. Después no he vuelto a hacer nada de escultura.

-¿Es que crees que no te va?. ¿O te llena menos que la pintura?.

-No. Creo que me hace verdaderamente ilusión hacer algo. Pero encuentro que organizarse para eso también necesita su tiempo, y que yo, ahora mismo, no lo tengo. Si algún día tuviera más tiempo, sí me gustaría. Porque ahora lo que estoy es siempre pensando en el momento de pintar. Y prefiero seguir pintando a seguir, vamos, a hacer nada de modelado.

117

-¿Recuerdas alguna sensación estética, algún momento de verdadera emoción que te haya producido algún pintor, algún cuadro?. Puedes citar alguna galería, alguna exposición.

-Mira, ahora, en este momento, hay un pintor que yo, dentro de toda la generación que yo conozco de pintores que han pasado por Sevilla, que han vivido en Sevilla .... . Se acaba de celebrar una exposición de Don Gustavo Bacarisas, que yo considero que es un pintor de una talla impresionante. Vamos, que recuerda cosas a todos los impresionistas franceses, cosas, apuntes del hombre, que yo los encuentro de una finura de color, de una sensibilidad y una categoría, pues, a la altura de cualquier otro pintor de una fama internacional. Pero este señor se ha quedado en Sevilla, después de viajar por el mundo entero, y yo creo que este hombre no se le ha dado todavía la importancia que verdaderamente tiene. Pero, a mí, me .... . Cosas que me han emocionado verdaderamente, como .... .

-Un pintor que está esperando su día, no?, creo .... .

-Sí. Bueno, este señor ha muerto hace un año, y la viuda es la que está haciendo las exposiciones de todas las obras de su marido. Y, no sé .... . Ortega Muñoz, un pintor que me encanta. Zabaleta es otro de los pintores españoles que me encantan, en fin .... .

-¿Tú crees que es verdaderamente formativa la enseñanza de la pintura, del dibujo, de la materia de dibujo, digamos, en el bachillerato?. Yo te lo pregunto muy sinceramente, porque yo tuve, por desgracia, la mala suerte de no tener nadie que despertara mi sensibilidad hacia esto. Y es una laguna que yo encuentro en mi vida. En cambio, sí me despertaron hacia los conocimientos literarios que me han entusiasmado.

-Sí. Bueno, mira, yo, Tomás, desde luego, creo que ahora, hoy en día, el profesorado que hay en un instituto, en todos los sentidos, estamos más preparados que los profesores que teníamos. Que, en realidad, ni habían pasado por escuela de Bellas Artes ni tenían una inquietud artística. Hoy, lo que menos nos importa es que un niño nos haga una lámina fríamente, no?. Hoy, al niño se le procura conseguir todo lo que él lleve dentro. O sea, toda su sensibilidad, su manera de expresarse. Y los niños llegan a entusiasmarse de tal forma que, muchas veces, te sorprendes de los adelantos que pega un niño de, vamos, de un curso a otro, no?.

—Sí. He observado yo que siguen con gran interés todo lo de modelaciones, de trabajos manuales.

—No, y, además, hay niños que la clase se le hace cortísima, están disfrutando, están observando contínuamente lo que tienen delante, con una ilusión de conseguir cada día más, no?. Y, como en todo, no?, ya se sabe que en un curso no se puede pretender que todos los niños dibujen y se entusiasmen. Pero que, verdaderamente, si consigues que en un curso haya cinco niños que verdaderamente vayan a la cabeza, y están en competencia, y que el dibujo le interesa a cada uno conseguir el máximo, pues, eso te llena de ilusión y de apoyarte en ellos, no?.

¿Ya estás grabando?.

—Sí, estoy grabando. ¿Prefieres los niños o las niñas, como alumnos?.

—No sé. Prefiero al que tenga ilusión. Me da exactamente igual.

—¿Crees que tiene más sensibilidad el niño, o la niña?.

—Pues mira, yo creo que la sensibilidad es completamente aparte de niño o niña, vamos.

—Tú has experimentado la enseñanza en institutos mixtos y en institutos no mixtos, no?.

—No, siempre he estado en institutos mixtos, siempre.

-Te iba a preguntar, a ver qué te parecía, ¿si era preferible ...?.

-No, verdaderamente ... .

-Bueno, pero aquí hay grupos mixtos y grupos no mixtos, no?.

-Yo empecé en Puente Genil, y ya era un grupo mixto. Y aquí, igual. O sea que ... . Pero, vamos, que tengo clases que son de niñas solas y de niños solos, y otros incluso mixtos. Me parece que son más tranquilas las niñas, y más fácil de llevar las niñas, por supuesto. Pero también tiene su interés todo. O sea, el mismo interés que puede tener un grupo de mixto.

-A tí, como padre, ¿te gustaría llevar a tus hijos, para educarse, en un ambiente de instituto, digamos, mixto, o por separado?.

-Pues mira, no me lo he planteado todavía ese problema, no?. Pero yo creo que, no sé, que si llega el momento, y tienen que estudiar en un curso mixto, y yo decido llevarlas a un instituto, pues, haría lo que hace todo el mundo, no?. Me atendría a las consecuencias de lo que fuera, vamos.

-¿A tí te gusta Sevilla, de verdad?. ¿Estás convencido de sevillano de alma, de corazón?.

-A mí Sevilla me entusiasma. O sea, que yo recuerdo, siempre que he estado por ahí, que la echo de menos tremendamente, a Sevilla. Pero, vamos, a Sevilla sin ... . Sevilla solo, sus edificios, sus calles, su ambiente, su luz. Yo no me encuentro a gusto, verdaderamente, más que en Sevilla. Pero reconozco que hay que salir de Sevilla y ponerse al día. Y volver a Sevilla, y trabajar en Sevilla, y no sé, vamos, que si tienes siempre oportunidad de salir y de ver, me parece que es imprescindible también para ... .

-Hay que salir a airearse un poco, no?.

—Sí, para reconocer más los méritos, también, que pueda tener Sevilla, a la vuelta, vamos.

—Efectivamente, eso me parece estupendo. Y después, en cuanto, digamos, a la organización, a tipismo, a la tradicionalidad de Sevilla, ¿qué te parece, por ejemplo, la Semana Santa?.

—Pues, yo, la Semana Santa, prefiero verla siempre dentro de la iglesia. Afuera, en las calles, las bullas es una cosa que siempre me ha horrorizado. No he salido nunca.

—Que la vives auténticamente, no?.

—Eso es.

—En cuanto a ... .

—No, no la vivo. No soy de los sevillanos capillitas. Que no he salido nunca ni he pertenecido a una cofradía , ni he pertenecido a nada donde, no sé, a donde haya un grupo demasiado grande de cosas. Es una cosa que siempre me ha gustado las individualidades. Y a ver las cosas con serenidad, siempre.

—¿Te interesa más la Semana Santa, como artista, o como sentimiento religioso?. Porque yo creo, que, vamos, en la Semana Santa sevillana, hay mucho arte.

—Bueno, me interesa mucho más como artista, desde luego. Ahora, hay cosas que me emocionan como cosas religiosas también.

—Y, ¿hay alguna imagen que te llame la atención especialmente, como artista?. Si tuvieras que salvar, dentro de todo este conjunto maravilloso de imágenes de Sevilla, ¿por cúal te decidirías en un momento determinado para salvarla sola, de la destrucción, de entre las otras?.

—Mira, yo, desde luego, el Cristo del Amor, de la universidad, de los estudiantes, me entusiasma. Y la Amargura. Es una de las vírgenes que, para mi gusto,

es ... . No sé, tiene todo lo que le pueda gustar a
un artista. La Macarena, también, me encanta
también, pero me parece que ya tiene su fama y que
le gusta a demasiada gente.

—Y, ¿el Cachorro, por ejemplo?.

—El Cachorro me parece fenomenal, pero me parece
un poco efectista.

—Realmente llega mucho al pueblo por ese
efectismo, por su expresión tremenda.

—Prefiero otro más sereno.

—¿Tú te acuerdas de alguna anécdota curiosa o
interesante de la Semana Santa?.

—No. Anécdota, así de ... , ¿del pueblo, de eso
...?.

—Sí. Oye, y, por ejemplo, yo no sé, ¿y aquella
Semana Santa de Puente Genil que salía ... humana?.
¿Tú estuvistes allí?.

—Yo estuve en Puente Genil, pero nunca ... . En la
Semana Santa siempre me venía para acá.

—Es que la ví una vez, por curiosidad. De todas
maneras, a mí me da la sensación de que, en muchas
partes de Andalucía, la Semana Santa es casi un
carnaval.

—Bueno, yo ... . Esa Semana Santa, creo que ha de
tener un mérito tremendo, según me han contado. Pero
me parece que no me debe de ir a mí mucho. Por lo
que me han contado, no se me apetecía demasiado. No
sé, no es el tipo de sentir mío, no?.

—Y, ¿la Feria de abril ?, ¿qué pasa?.

—La Feria de abril. Me gusta a las doce y media
ver el desfile de los caballos desde el parque o
desde un sitio así, nunca he podido estar dentro de
una caseta más de diez minutos. No sé, pero es que

no me puedo ver rodeado de gente. Es una cosa, como una claustrofobia que me da tener alrededor mío más de seis o siete señores.

—¿Te gusta el cante y el baile flamenco?.

—Pues sí, me encanta. O sea, me encanta cuando son cantaores buenos, y eso. Sí, me parece que es que ... .

—¿Has conocido a algún cantaor de verdadera envergadura?.

—Pues mira, yo he oído cantar a Naranjito de Triana, y me parece estupendo, por ejemplo. Y después, no sé, en la Antología del Cante Flamenco hay cantaores fantásticos, y a mí me encanta ese disco.

—¿Tú crees que el cante flamenco, realmente, se puede vivir oyéndolo por un disco?.

—Pues yo creo que sí, que yo lo siento. Vamos, yo pongo un disco de cante flamenco bueno y siento las mismas sensaciones que oyendo a un Beethoven, no?.

—La gente suele decir que el flamenco hay que vivirlo y no oirlo por un disco, sino vivirlo en el ambiente auténtico, de esos que ya no quedan.

—No, porque, entonces, no podrías oir nunca a un Beethoven más que en un disco, ni podrías oir una música buena que te llenara a través de un ambiente, de una orquesta, no?.

—¿Cómo ves tú la situación actual en el mundo moderno, en el mundo de hoy?.

—Yo creo que de todo esto tiene que salir algo bueno. Yo espero que salga. Ahora, que estamos viviendo una época de crisis, de un momento de que todo el mundo quiere destacar por algo, o por hippy, o por ser un intelectual demasiado afinado, demasiado complicado. O sea que o una cosa u otra, o demasiado despreocupado, u obsesivamente preocupado.

Yo creo que hay que dejar pasar un poco el tiempo, que todo se tranquilice, se ponga sereno, y que la cosa vaya a su matiz y a su sitio, no?.

ENCUESTA: C 2 V 3.

EDAD: 37 Años.

PROFESION: Abogado.

—Bueno, muy bien. Bueno, pues de todos los barrios de Sevilla, tal vez me podrías decir ¿cuál te parece más cómodo para la vida moderna?.

—Pues mira, desde el punto de vista de barrio confortable, desde luego el de Los Remedios. Es mucho más cómodo, más sano, más aireado, y más abierto. Hay mucho más espacio. Desde el punto de vista artístico, naturalmente el de Santa Cruz.

—Sí. ¿Y para tener niños chicos?.

—Para tener niños chicos el más cómodo es también el de Los Remedios porque hay mucho espacio libre. Y más sano también, porque pueden respirar un aire menos viciado.

—Sí, sí. Y en aquel de San Andrés, en fin, el barrio de San Andrés, que habéis vivido bastante tiempo, no?, tendrá para vosotros recuerdos muy entrañables.

—Sí, tiene muchos recuerdos. Y sobre todo, tiene aquel barrio, tenía también una ventaja grande, y es que estaba muy céntrico. Es decir, yo quizás el recuerdo que guarde mejor de aquel barrio es lo céntrico que estaba y lo a mano que me cogía todo. No?.

—Sí. Vosotros erais muy devotos de la Amargura, que estaba allí tan cerca.

—Mucho, le tengo mucha devoción a la Amargura.

-Sí. Porque tu hermana María Regla me decía que ella ante el paso de la Amargura se quedaba allí mucho tiempo extasiada viendo ... .

-Yo tengo una devoción muy grande por la Amargura, y además, en fin, he vivido muchos años muy cerca de ella.

-Aunque no eres hermano de la Amargura, no?.

-No soy hermano, no. No soy hermano de ninguna cofradía de Sevilla. Sin embargo me gustaba mucho, cuando pequeño, me gustaba mucho la Semana Santa. Ahora ya, no sé, me cansa un poco, sabes?, me aburre.

-Sí, muchos nazarenos, no?.

-Muchos no. Lo que pasa es que cuando ya una cosa la has visto tantas veces, tantos años, pues, ya te llama menos la atención.

-Sí. Eso es natural. Y ¿a los niños les gusta la Semana Santa?.

-Bueno, a los niños míos, como son todavía tan chicos, lo único que les gusta de la Semana Santa son los caramelos que les dan los nazarenos. Y que ellos interpretan la Semana Santa como una ocasión para que le den caramelos. Entonces, van a ver las cofradías, y empiezan a pedir caramelos, y luego vuelven a casa y dicen: "hoy traigo dos, hoy traigo diez". Pero otra cosa, claro, todavía son muy pequeños y no lo alcanzan.

-Como la Cabalgata de los Reyes Magos, o cosa así, no?.

-Exactamente. Bueno, la Cabalgata les gusta a ellos quizás un poco más por la bullanguería que lleva y por las carrozas. Eso les llama más la atención. Ahora, los pasos propiamente de Semana Santa yo he notado que todavía ellos no les llama la atención, no los captan bien.

—Sí. Vosotros los lleváis a las sillas, o más bien les dais un paseo nada más por ... .

—No. Yo lo que hago es llevarlos temprano, después de almorzar, cojo el coche y los llevo a una barriada, y les enseño una procesión pasando por la calle. Solamente una o todo la más dos. Y ya después los traigo, con objeto de que se acuesten temprano, no?.

—Sí, es lo más práctico, no?.

—Pero desde luego entradas y salidas, y eso, no. Y a ellos les gusta, además, ver la procesión desde que empieza hasta que termina. Es decir, que no es como los mayores, que normalmente vamos en busca de los pasos, vemos los pasos y nos vamos a ver otra cofradía. No, a ellos les gusta ver la procesión entera, no?.

—Sí, sí. Bueno, tú y María del Carmen si podéis dejar a los niños algún día o algo así, ¿os gusta callejear un poco y ver cofradías por ahí?, ¿o más bien ya no?.

—Nos cansa un poco ya la Semana Santa.

—Sí, sí. Bueno, ¿y la Feria, también os cansa, o ...?.

—Claro, no. La Feria somos más aficionados a ella y vamos con los niños por la mañana. Y nos gusta bastante comer en la Feria con los niños, en plan así de picni, no?. Y después, por la noche, pues, sí nos gusta ir también solos, pero no la cogemos mucho por punta, vamos. Así es que vamos bastante discretos.

—Sí. Bueno, y a los niños les gustan, sobre todo los caballitos, y la ola, etcétera, de la Calle del Infierno, me imagino, no?.

—Sí, les gusta mucho los caballitos. Propiamente les dan un poco de miedo, todavía. A ellos le gusta lo que le llaman "los cacharritos", que son esos

cochecitos que dan vueltas. O bien son coches, o
bien son carros, o bien son camiones ... .

-Sí. Que van más despacio que ... .

-Que van más despacio, sí.

-Los caballitos, propiamente dichos, no.

-Sí, sí. Sobre todo que van ellos metidos dentro
del vehículo que sea. Pero el caballito le da
todavía un poco de miedo, y a mí también me da un
poco de miedo que se suban.

-Sí. No se vayan a caer.

-Que tienen menos estabilidad, no?.

-Sí, sí, sí. Bueno, y en esos días de feria, ¿os
gusta meteros en una caseta y allí estar
tranquilamente con los niños?, ¿o más bien llevarlos
para acá y para allá, y que vean cosas distintas y
... ?.

-No. Los niños, lo que pasa es que cansan mucho en
la Feria, no?, y entonces nosotros lo que preferimos
es llevarlos a una caseta. Por ejemplo, si vamos por
la mañana los llevamos a una caseta en plan de comer
allí, con la comida. Entonces, estamos con ellos,
comemos y tal, y ya después, pues, de la sobremesa,
pues, nos venimos. Si vamos a la Calle del Infierno,
pues entonces, generalmente los llevamos más bien
por la tarde, que hace más fresco, no?, a primera
hora de la tarde. Y ya después, pues, nos volvemos a
casa temprano.

-Sí, sí. O sea, que los niños están acostumbrados
a acostarse temprano, no?, siempre.

-Sí, porque como madrugan bastante para el
colegio, pues, los pobres son chicos y tienen que
dormir mucho todavía.

-Claro.

—Y, claro, la única manera de que duerman once o doce horas es acostándolos temprano. Porque después tienen que madrugar al día siguiente. No es que madruguen mucho, pero, en fin, se levantan a las ocho y cuarto, o por ahí. O sea, para que les salga once o doce horas, pues, se tienen que acostar a las ocho y media o a las nueve.

—Naturalmente. Y, ¿ el colegio lo tienen por aquí cerca?.

—No. Los dos lo tienen bastante lejos. Porque la niña está en las Irlandesas, que está en la barriada de Bami, y tiene que coger un autobús que le lleva. Y el niño está más cerca, el niño está en Yanduri, en la Puerta de Jerez. Entonces, lo llevo yo cuando voy para la oficina, por la mañana, lo llevo yo en el coche. Paso por allí y lo dejo. Yo paso por allí todos los días para ir a la universidad, como está tan cerca ... .

—También es tu camino obligado, no?.

—Sí, desde luego. Ahora, ya el niño el año que viene va también a un colegio de varones, también muy lejos, y entonces tendremos que utilizar también el autobús para llevarlo.

—Aquí, en Los Remedios, en esta calle, hay también problema de aparcamiento, no?.

—No, ninguno. Hasta ahora, gracias a Dios, ninguno. Porque la calle es muy ancha. Después los pisos estos son muy modernos y algunos no están ni ocupados. Es decir, que no hay todavía mucha densidad de población aquí. Y luego, en la parte trasera de la casa hay también un patio interior ... .

—Sí, yo lo he visto.

—Donde pueden entrar coches. De modo que hasta ahora no, no tengo problema.

—En otras calles, por ejemplo la calle Asunción y

otras, hay cierto problema.

—Sí, en la calle Asunción sí, en la Plaza de Cuba, incluso en República Argentina, la parte primera, suele estar ya ocupada. Sobre todo Asunción. Desde luego es casi imposible aparcar ya.

—Sí, sí. Bueno, tu coche ¿cómo es?.

—Mi coche es un "dos caballos". Un Citroen dos caballos.

—Sí. ¿y te da buen resultado?.

—Muy bueno. Estoy muy contento con él.

—Es muy duro, no?, muy ... .

—Es muy duro ... .

—Y sólido, no?.

—Es desde luego un coche de poco reprís. No es desde luego muy decorativo, pero, en fin, para lo que yo lo quiero me da un avío grande.

—Sí. ¿has tenido otros antes, o es el primero?.

—No. El primero que he tenido. Además es muy cómodo de conducir, para los novatos en conducción es estupendo, porque no se te cala, puedes arrancar en segunda, no tienes que tener ese cambio casi contínuo de velocidades ... . En fin, me gusta.

—Bien. Y la autopista esta de Sevilla Cádiz, ¿la has visto?, ¿la has estrenado con el coche, o no?.

—La he visto hace unos días, pero no iba conduciendo, sino que iba conducido.

—Bueno. ¿y qué te parece la autopista?.

—Estupenda, magnífica. Me parece una cosa ... . Un acierto fenomenal. Porque yo fuí concretamente a Cádiz y me parece que tardé hora y cuarto, o hora y media.

-Sí, una cosa así se tarda. Nosotros ahora vamos bastante, porque, bueno, sobre todo yo, porque tengo que dar clase allí los martes. Y los lunes tengo que salir de aquí a las seis de la tarde, y hacer ese camino, y después los martes, de vuelta. O sea, que conozco bastante bien la autopista. A veces voy conduciendo yo, a veces otro compañero.

-La encuentro ... . Ya. Yo la encuentro que además es muy cómoda, porque no tiene bache ninguno, el piso es estupendo. Y después, sobre todo, que se reduce una barbaridad el peligro de accidentes.

-Sí. Ocurren más accidentes ... .

-Como no hay adelantamientos. Por lo menos en dirección contraria no hay adelantamientos. Después está cerrada totalmente por las márgenes, no hay peligro de que te salga un perro, o que te salga un peatón. Y luego está perfectamente acondicionada y servida de todo, de señalizaciones, de ... . En fin, de todo. La parte ... . Por ejemplo, yo eso no lo he podido comprobar ... . Y de auxilio en carretera, también. Cuando llueve, me han dicho que apenas retiene el agua. Un sistema de inclinación o de lo que sea, que el agua la expulsa rápidamente. Y no se forman hoyas ni baches, ni nada.

-Aunque también me han dicho que el piso de la autopista desgasta los neumáticos bastante más que un piso corriente.

-Sí. Porque es más duro, tal vez, o por las estrías que tiene, para que se agarren bien los coches.

-Sí, sí.

-También desgastan los neumáticos, pero en fin, no todo iba a ser perfecto. A mí me llamó también la atención que por algunos sectores el asfalto es oscuro, gris oscuro. Y por otros es, en cambio, gris muy claro, casi blanco. Y me explicaron que eso era debido a las distintas naturalezas del terreno, que necesitaba que por algún sitio fuera una clase de alquitrán, o de material, y por otro otra clase distinta, no?. Es curioso que hayan tenido en cuenta incluso eso.

—Sí. Está perfectamente estudiado. Se ve que han debido ser unos ingenieros muy modernos los que lo han hecho.

—Sí. Y cuando uno se va acercando a Sevilla, viniendo de Cádiz, al llegar a Dos Hermanas, que ya empieza una carretera que no es propiamente autopista. Tiene dos pistas, pero ya ahí empieza un poco también el peligro, porque uno va con la carrerilla tomada de la autopista, y se mete por ahí,no?, creyendo que puedes ir lo mismo. Sin embargo, hay que tener mucho cuidado con los niños. Claro, cuidado. Ya varía una barbaridad.

—Sí.

—Claro. Sin embargo yo creo que también debe existir un peligro quizás mayor que en las otras carreteras, y es la posibilidad del reventón, de que reviente un neumático. porque ... .

—Por calentamiento ... .

—Sí, no?, que si revienta un neumático, como normalmente vas a una velocidad grande, pues, es más peligroso que si vas por una carretera pequeña. Pero, en fin, eso no es corriente. No es corriente porque el piso es bastante bueno, no hay baches.

—El piso es bueno ... .

—Y también sí lo hay ... . Claro, siempre hay peligro, verdaderamente. Pero es bastante ancha la carretera y reduciendo velocidad, metiendo una marcha inferior o lo que sea, y, en fin, llevando un poco el coche de tal manera que no se salga uno de la carretera se puede dominar la situación. Se puede, se puede dominar la situación.

—Lo malo es frenar, en seco, no?.

—Sí. Cuando uno note el reventón, frenar. Entonces sí que está uno perdido, según dicen. Yo ... . Ahora, a mí lo que me llamó la atención es que tiene muy poco tráfico, poquísimo. El día que yo fuí era precisamente el sábado pasado, que era la feria de Jerez y además fué sábado. Es decir día de ... . Más bien de que van la gente a divertirse y a descansar, no?, sin embargo yo no recuerdo cuántos fueron, pero yo creo que se podían contar con los dedos de la mano los coches que me adelantaron o que se cruzaron por la otra parte. Y en cambio por los puntos que atraviesa la carretera general, que hay varios, o que tú ves la carretera general cerca, que van paralelas, pues se veía una fila de coches enorme. Y me hizo mucha gracia, al llegar al puesto este de control, que paramos como es natural, y se pagó el peaje, y dice, el muchacho que estaba allí al frente, dice: "Y después queremos entrar en el Mercado Común". Y es verdad, porque eso ha debido de costar una cantidad de millones horroroso, y es una pena, porque si sigue así desde luego no es un negocio.

—Sí. En verano será un poco más negocio.

—Yo creo que en verano se puede ... . Se pondrá más de actualidad.

—Sí. Yo estuve ayer, y, vamos, había un poco de más tráfico que en días ordinarios. Comparando con los martes, por ejemplo, que también usamos la autopista, y no vemos casi a nadie, pues ayer había un poco más.

—Pero tú vas ahora con frecuencia, no?.

—Sí. Con frecuencia. Dos veces por semana, o tres veces. Ahora, no siempre voy conduciendo yo. A veces va un compañero, profesor de Latín o de otra asignatura. Pero sí, conocerla por haber pasado por allí desde luego. Bueno. Vamos a hablar, tal vez, de sitios de veraneo, no?. ¿De qué sitio de veraneo tienes mejor recuerdo?. ¿O te gusta más frecuentar?.

-Yo, lo que pasa es que siempre he veraneado en el mismo sitio, que es en la Sierra de Aracena. Algunas veces, vamos, algunos años, los primeros años veraneaba en Alájar. y después en Aracena.

-Buen sitio de ... .

-Bueno. También pasé un par de veranos en Puntaumbría. Ya después, desde hace siete o ocho años pues veraneo en el campo, en Sanlucar la Mayor.

-Y, ¿qué te gusta más, el campo o la playa?.

-Me gusta más la playa.

-¿A pesar de la aglomeración de gente, y eso?.

-Ahora, que la playa, por eso te iba a decir, que la playa, tal como se está poniendo, pues, qué sé yo. Ya hace tiempo que no voy, que no paso yo así una temporada grande en la playa. Tal como está hoy, no?, de aglomeración. Pero cuando he ido a hacer una excursión o algo, realmente he vuelto un poco decepcionado, porque es incómoda, y sucia, y ... .

-Sí.

-Pues ahora, quizás, para no poder conseguir, por ejemplo, una playa de éstas que aunque están muy retiradas, que hay poca gente, entonces, pues prefiero el campo. Sí. Yo creo que en el campo, no sé, puede haber más vida familiar incluso, no?, porque uno ve a los niños jugar cerca. Y se está más en casa, también. En cambio en la playa, se va uno a la playa, y ya la casa se queda ahí todo el día sola.

-Exactamente.

-Después, los niños pues están, sí, jugando por la playa, más o menos se les ve, no?. En ese aspecto es por el estilo, pero no se presta tanto a excursiones. y a actividades, así de familia, tal vez. El campo lo que encuentro es que es un poco aburrido. Porque normalmente están aislados, no tienen ... .

—Comunicaciones ... .

—Comunicaciones con otras personas, no?. Y los
chalets que estén ocupados, pues normalmente todo el
mundo hace la misma vida, la vida así retraída, no?.
Y algunas veces te resulta pesado, sobre todo si la
temporada de descanso es larga.

ENCUESTA: C 2 V 4.

EDAD: 33 Años.

PROFESION: Abogado.

-¿Le gusta su profesíon?.

-De la pregunta de si el ejercicio de la abogacía
me agrada, hay que tener en cuenta que la abogacía
en cuanto de ejercicio le presupone, hay que
encardinarla forzosamente dentro del grupo de
profesiones eminentemente vocacionales. Así como
entiendo que un sacerdote, entiendo que un militar y
un médico son carreras eminentemente vocacionales,
igual que la docencia, toda la labor pedagógica, la
carrera de abogado también supone mucho de
vocacional. Pienso que quien enfoca la carrera desde
un punto de vista de negocio se equivoca.
Probablemente, en el orden económico, podrán irle
bien las cosas, será un hombre que vivirá, desde un
punto de vista económico, desahogadamente, pero sin
duda la satisfacción personal de cumplir con aquello
que uno verdaderamente anhela, no lo consigue. Desde
el principio. Es decir, que quizás por lo abstracto
de cualquier carrera universitaria, el estudiante de
Derecho no tiene plena conciencia de la validez de
su carrera hasta tanto que no la ha terminado. A mí,
ahora, después de ocho años de ejercicio, de haber
terminado la carrera, es cuando verdaderamente me
gustaría estudiar la carrera de abogado, porque es
cuando uno puede captar esas abstracciones que le
suenan un poco a música celestial cuando está en las
aulas de la universidad. También se ha dicho, y esto
es más que evidente, que la profesión de abogado
crea problemas de conciencia. Estamos hartos de oir
decir que la mayoría de los abogados son poco
escrupulosos, por no decir una palabra un poco más
fuerte. Yo puedo firmar ahora tajantemente, firmar y

afirmar, que no se me ha planteado ni un solo problema de conciencia, pero ni siquiera uno solo. Se me ha dicho muchas veces, "bueno, ¿cómo es posible que a un indivíduo que es acusado de determinado delito, un abogado se encargue de defenderle?". Pues, sencillamente porque igual que pienso que hay un Ministerio Fiscal, un Ministerio Público, que representa a la sociedad y acusa, exactamente igual, pienso, que debe haber alguien que defienda al reo y que se enfrente al Ministerio Fiscal. En consecuencia, como las únicas armas o los únicos resortes que el abogado va a utilizar son la ley, son la Jurisprudencia, son los principios generales de Derecho, en definitiva armas totalmente legales, en definitiva, pues no, no tiene por qué tropezarse con problemas de conciencia, y lo único que hace es cumplir con una vocación, con una obligación profesional.

-Y ¿cómo se llega a condenar a un delincuente?.

-¿Sobre los trámites para condenar a un delincuente a partir de su detención?. Quizás la propia pregunta, en la propia formulación, en el propio enunciado, advertimos ya un poco de .... . Casi no se necesitaría la sentencia, porque si se habla de condena se habla de delincuente. Se está admitiendo ya que va a haber sentencia condenatoria y estamos en presencia de un auténtico delincuente. Lo que se hace normalmente es .... . Por ejemplo, vamos a poner un caso tipo, un robo. Cuando se comete un robo, interviene la fuerza pública. Puede ser el 091, puede ser la Guardia Civil, puede ser incluso iniciarse las actuaciones no por intervención de la fuerza pública sino porque un particular presente una denuncia. Este es el atestado, si es de la fuerza pública, o la denuncia o la querella si es a instancias de un particular. Es lo que pone en marcha toda esa serie de actos que, como una cadena, cada uno es consecuencia del anterior y causa del siguiente, van poniéndose en marcha hasta concluir todo el sumario. Un sumario, como digo, empieza con un escrito inicial que puede ser el atestado del 091, el atestado de la Guardia Civil o bien el escrito de un particular diciendo que a mí me han robado tal cosa y que puede ser fulano o bien simplemente que me han robado tal cosa, y entonces empieza la investigación sumarial. En principio, si se trata de un hecho en el que haya intervenido la fuerza pública y ha cogido a un indivíduo "in fraganti" o existen sospechas fundadas de que sea fulano porque se le han retenido, se le han encontrado en su domicilio cualquiera de las cosas que ... . Si se trata de robo de joyería que hay veces que se encuentra una sortija, una alhaja que son identificables como las que había en el sitio donde se cometió el robo, pues de momento es presunto reo o presunto autor del delito por el que se ha formado el sumario ... .

Entonces, en ese sumario, hay inicialmente una declaración previa que se suele hacer ante la Guardia Civil o ante la policía, en la jefatura de policía. Sobre este interrogatorio el valor jurídico es escaso. Y es escaso porque normalmente la libertad del que declara está un poco costreñida. La autoridad tiene, por lo menos en la práctica, unos resortes para hacer hablar a uno que por lo menos legalmente, desde luego, no son permisibles. No hablo desde el punto de vista humano y el punto de vista social, pero legalmente no son permisibles. Como esto, en la práctica, es indemostrable, cuando una confesión ha sido un poco sugerida, eh?, pues, entonces lo que ocurre es que cuando llega el momento del juicio esa declaración prestada por el presunto reo, por el presunto autor del delito, tiene solamente un valor puramente indiciario, o sea, que no se le da un valor de prueba en absoluto. Luego, ya una vez que ha prestado declaración ante la autoridad, que compone junto con el atestado los primeros folios del sumario, pasa a la disposición del juzgado que esté de guardia aquel día. Luego ... . El juzgado de guardia aquí en Sevilla es costumbre que, por el número de juzgados que hay, que estén tres días de guardia, o sea, están por ejemplo, los días uno, dos y tres el juzgado número uno, cuatro, cinco, seis el dos, y así sucesivamente. El juzgado que esté de guardia es el que entiende de ese sumario, de esas actuaciones, y el presunto reo, el presunto autor del delito, queda a disposición del juez que ordena, en atención a la gravedad de los hechos o a la insignificancia de los mismos, su pase a la Prisión Provincial, con un auto en el que se declara la prisión preventiva o bien se le procura y se decreta la libertad provisional o bien la libertad bajo fianza. Eso hay diversos ... . Eso queda a criterio del juez.

Una vez que se ha ... . Nos encontramos, por ejemplo, en un caso concreto de un indivíduo que está acusado de robo de una joya. Que el valor sea por ejemplo de veinticinco mil pesetas, pongamos por caso. Entonces, este indivíduo, eh?, vamos a ponernos en el caso de que el juez ha decretado su prisión preventiva, este indivíduo pasa a la cárcel y a continuación ya, a partir de ese momento, en cualquier circunstancia de la tramitación de este sumario, el abogado defensor de este indivíduo puede personarse, puede personarse mediante procurador, que puede ser con poder o bien designado de oficio, o bien como sí ... . Declarando como si ... . Que acepta esa representación del cliente como si se le hubiera correspondido en turno de oficio. En cualquier momento, digo, puede presentarse e intervenir, pedir vista del sumario, pedir las pruebas que él estime conducentes, para el día de mañana, el día del juicio, para la defensa de su cliente. Pero, vamos, no es preceptivo que todavía intervengan el abogado. Puede intervenir, y es una ventaja para el cliente que pueda intervenir ya a partir del auto de procesamiento, recurriendo el auto de procesamiento, solicitando los beneficios de la libertad provisional, etcétera, y todas las pruebas que considera oportunas. Si ... . Vamos a poner el caso de que se trate de una persona económicamente sin medios, económicamente débil y que no haya nombrado abogado, entonces el sumario de oficio se sigue tramitando por el propio juzgado. Solicita la declaración del testigo, que normalmente suele ser como testigo principal, en el delito de robo que hemos cogido como ejemplo, el propietario de la joyería que ha sufrido el robo. Éste es el principal testigo, éste. Pues se hace un interrogatorio acerca de si identifica, con exhibición de las piezas que se hayan podido recuperar, si identifica como suyas esas piezas, qué valoración se le da, aproximada, con independencia de que luego haya un dictamen pericial, para que el perito diga exactamente lo que valen. También puede pedirse alguna prueba testifical de alguien, o cualquier empleado. Se recaba, además, del Registro Central de Penados y Rebeldes si ese hombre, que es presunto autor del delito, tiene antecedentes penales. Y así va formándose exactamente el sumario hasta que por una resolución judicial del juez que ha entendido en la causa antes de declarar la resolución del sumario, o sea, la terminación, se requiere al reo para que designe letrado y procurador, y en el caso de que así no lo haga, se le nombrará de oficio. Para nosotros, los abogados, tenemos un turno de oficio que va rotando desde el número uno hasta el número final. En la actualidad creo que somos seiscientos y pico de colegiados en Sevilla, y ese turno de oficio son asuntos que hay que defender completamente gratis, y que igual puede ser un delito contra la honestidad, un delito contra la propiedad o cualquier otra clase de delito. Si este indivíduo no lo nombra, se le designa, como digo, el abogado de oficio y el procurador de oficio. El procurador de oficio, entonces, y el abogado reciben una comunicación del juzgado diciendo que por turno de oficio le ha correspondido defender a don fulano de tal y tal, acusado de tal delito. Y con esto el juez dicta un auto en el que declara concluso el sumario. Y ese sumario ya está para pasarlo a la Audiencia Provincial. La Audiencia Provincial, entonces, pasa al Ministerio Fiscal. Y el Ministerio Fiscal lo que hace es coger e informa. Dice éste: "Como conclusiones provisionales, establezco las siguientes: primero, que sobre las tal hora de tal día fulano de tal y tal encontrádose en la calle tal y provisto de una cerradura, o sea, de una ganzúa y tal, forzó la ... ". En fin, describe tal como fueron los hechos, a su juicio. "En segundo lugar, el autor es fulanito de tal. En tercer lugar, le corresponde la pena ... ". Si hay circunstancias agravantes o atenuantes también las pone, con arreglo al artículo tal, y la condena que corresponda según su juicio. Entonces la causa pasa al abogado defensor. Donde el fiscal ha dicho negro,

145

él dice blanco: "Que no son ciertos los hechos como relata el ministerio fiscal, que entonces el autor no es fulano, que no cabe hablar de autor, que no cabe hablar de delito y que por lo tanto lo que procede es absolverlo libremente". Entoces, con esto, ya, la sala señala día para la celebración del juicio. Y el día de la celebración del juicio comparecen las partes, el Ministerio Fiscal y el abogado, en presencia de un tribunal que lo compone tres magistrados cuando se trata de delitos en los que no se pide pena de muerte. Cuando se trata de un delito en el que se pide pena de muerte son cinco magistrados. Comparece el secretario, que es el que va tomando nota de todo. Por supuesto, el reo, acompañado de la fuerza pública, si es que está detenido, y como es normal en estos casos, a la voz de audiencia pública, salvo que cualquiera pida que el juicio se celebre a puerta cerrada, todo el público que quiera, familiares, y quien quiera, pueden asistir, salvo los testigos, que no pueden estar en el juicio hasta tanto no hayan depuesto, como testigos. Entonces, se celebra la sesión del juicio, como hemos visto. En fin, y nada más.

Tenemos una idea un poco falsa por la televisión, pero más o menos es algo así. Primero declara el reo, le pregunta el Ministerio Fiscal, luego le pregunta la defensa y luego ya intervienen los testigos, peritos, si los hay, y finalmente, el juez. El presidente del tribunal manda desalojar la sala diciendo que está para sentencia. Entonces, dentro del plazo de unos días, la Audiencia, o sea, el presidente de sala notifica. Hay un ponente siempre, esto lo he olvidado. Hay un ponente, o sea, uno de los magistrados, que es el que se encarga de redactar la sentencia. Siempre es, por lo menos teóricamente, en combinación o previa consulta con los otros miembros del tribunal, pero en cada juicio hay un ponente, quizás sea por repartirse el trabajo, y determinan si procede la libre absolución, si procede condenarlo en la medida que pide el fiscal, si procede condenarlo pero en menos medida que la que ha pedido el fiscal. En fin, poco más o menos, ésta es la mecánica.

-¿Por qué son, las condenas, de tanto tiempo "y un día"?.

-Esta pregunta no es capciosa, porque con mucha frecuencia se me han hecho por personas que nos merecen un crédito intelectual y moral grande, porque no se entiende el por qué ese día.

Las penas pueden dividirse desde arresto menor, que va desde cero hasta treinta días. Arresto mayor, que va desde un mes y un día hasta seis meses. Prisión menor, que va de seis meses y un día a seis años. Prisión mayor, que va de seis años y un día a doce años. Entonces, cuando resulta que hay un reo que ha cometido determinado delito, sigamos con el de robo, y según el código, por ser autor de un delito de robo de una cosa cuyo valor está estimado en veinticinco mil o más de veinticinco mil pesetas, le corresponde la pena de prisión menor. Como resulta que prisión menor forzosamente la pena tiene que estar comprendida entre, pongo por caso, seis meses y un día y seis años, si el tribunal considera que hay circunstancias atenuantes, si el tribunal considera la personalidad del delincuente, de que no tenía antecedentes, si considera que aún siendo autor de un delito lo es, pero menos, tiene que venirse al mínimo de la condena. Pero como forzosamente tiene un tope por abajo de seis meses y un día, es por eso que a un reo se condena a seis meses y un día, porque es precisamente el escalón divisorio entre esta condena y la inmediata inferior.

-Además de su trabajo, que debe llevarle mucho tiempo, ¿a qué dedica su tiempo libre?

-Yo, como principal hobby tengo, principal la caza, que me gusta mucho como, podemos llamar, actividad física, y la filatelia como una actividad un poco más estática. Sobre la cacería me gustaría ... . Quizás fuera poco una grabación de estas para hablar sobre cacería. La cacería es un encontrarse el hombre con la naturaleza, que, no lo puede captar, creo yo, más que el que verdaderamente piense en cazador. Es, desde luego, es volverse un

147

poco atrás en la civilización, es renunciar a todos
los adelantos de la técnica, encontrarse con la
naturaleza y sentirse silvestre, montaraz, esta es
la palabra. El autor este, Miguel Delibes,
recientemente admitido en la Academia de la Lengua,
en una frase muy, muy gráfica, decía que el cazador
cuando sale al campo después de levantarse la veda
parece que va estrenando el mundo. A los cazadores
se nos tacha, los amigos así más superficiales,
éstos nos tachan de "chalaos", de que no nos
comprenden, y es perfectamente admisible esta
postura. Los ya intelectuales, un poco ahondando más
en el problema hablan sobre la crueldad de la caza.
Ha sido ya tratado por muchos autores. Precisamente
los que han sido los principales mentores y
defensores de que la caza no es ninguna crueldad,
son precisamente los que son aficionados a la caza.
Pero, seguramente, quienes critican que la caza es
cruel, casi seguro, están comiéndose una perdiz
estofada. Yo admitiría esa crítica de un
vegetariano. Sería perfectamente admisible un señor
que sea estrictamente vegetariano y sea totalmente
enemigo de que se mate a cualquier clase de animal,
pero con frecuencia, y esto es triste, nadie pone
reparo cuando en un restaurante le ponen una lubina
por delante, ni carne de pollo. Y si desde luego,
partimos de la base de que al cazador hay que
considerarlo como cazador deportista, no como
cazador verdugo, tenemos que llegar a la conclusión
de que forzosamente la cacería es un deporte muy
completo. Es un deporte que expansiona el físico y
el espíritu y que por supuesto no supone en absoluto
ninguna crueldad porque con un tiro cualquier ave,
concretamente, o un conejo o una liebre, muere con
mucha más rapidez, a lo mejor, que con cualquier
otro sistema de cualquier ... . Por ejemplo, la
lubina o el mero, cualquier pescado, muere con mucha
más agonía que cuando se mata cualquier pieza de
caza menor. Porque, en definitiva, si incluso el
tirador ha fallado el tiro o no, o le ha medio dado
al pájaro solamente, o a la res o al animal de que
se trate, siempre tiene en su mano el resorte para,
inmediatamente, terminar con la agonía de ese
animal. Decía, en un prólogo de una enciclopedia de
caza, Rodriguez de la Fuente, por supuesto defensor

incansable de la fauna como todos sabemos, pero
decía que al cazador, como consejo principal que
debía dársele era el siguiente "cazador, no mates,
caza". Porque tenemos que tener en cuenta de que la
caza, en definitiva, no es sino una lucha entre el
cazador y el animal, por eso todo lo que sea
aumentar las posibilidades del cazador y disminuir
las del animal supone una ventaja, y, entonces, la
lucha no está equilibrada. La lucha hay que procurar
equilibrarla al máximo. Por ejemplo, ha habido quien
ha censurado, y me parece perfectamente correcto, la
utilización de armas automáticas. No se debe. El
pájaro, por ejemplo una perdiz, no cuenta más que
con una oportunidad de escaparse, y el cazador no
debe contar con cinco o más tiros. Ya está bien que
cuente con una escopeta de dos cañones, por si falla
el primero darle el segundo, pero nada más. De ahí
que la figura del cazador verdugo no sea en absoluto
admitida, y claro, en esto ya hay que distinguir,
dentro de la caza, el que caza porque verdaderamente
lo necesita como medio para subsistir y el que caza
por deporte. Son dos tipos de cacería distintos. El
cazador que necesita para comer esas piezas es el
clásico cazador furtivo, se da mucho en los pueblos,
y sobre todo aquí, en Andalucía. Se da un disparate.
Conozco infinidad de cazadores furtivos y a éstos
cualquier medio para cazar les parece bueno. Al
cazador cazador, lo que le gusta es la caza, la caza
deporte, dándole oportunidad al pájaro.

ENCUESTA: C 2 H 1.

EDAD: 34 Años.

PROFESION: Profesora de Universidad.

-¿Usted es de Sevilla?.

-Sí, sí, nacida aquí. Y mis padres también.

-Ya. Y ¿a qué se dedica actualmente?.

-Estoy de adjunto en esta cátedra y estoy haciendo la tesis de Micropaleontología. La estoy terminando ya. O sea, la estoy redactando.

-¿Con quién está haciendo la tesis?.

-La estoy haciendo con el catedrático de Paleontología de Granada.

-¿Y lleva mucho tiempo aquí trabajando?.

-Seis años.

-¿Hizo la carrera aquí también?.

-No. En Madrid. En Sevilla no hay carrera de Geológicas, que es la que yo he seguido.

-¿Puede hablar sobre su trabajo actual?.

-Sí. Yo estoy haciendo toda la tesis de Micropaleontología del Neógeno en la depresión del Guadalquivir. O sea, estoy estudiando ocho ... seis hojas a uno cincuenta mil de la provincia de Sevilla. Estudio el terreno, recojo muestras y luego las estudio al microscopio y saco los fósiles que haya, los microfósiles. Estudio los géneros y las especies y conclusiones. Hago una sanación del territorio de Sevilla que comprende el Mioceno, el Terciario ... .

-¿Es entretenido el trabajo?.

-Sí que me gusta, sí. Es que muchas veces los trabajos así, especializados, de tesis ... . Bueno, es que es muy pesado la parte esta, pero como ahora ya estoy redactando, lo que estoy es concluyendo, en realidad, es bastante bonito. Porque una sanación de esta parte de Sevilla, que no ha sido hecha hasta ahora, o que si ha sido hecha, ha sido hecha con unos términos que no ... . Con lo cual no ha podido salir bien. Como ahora la Micropaleontología es una ciencia bastante moderna, que cada día salen nuevos trabajos, pues ... .

-Y otras ocupaciones que tenga ... .

-No, me dedico exclusivamente a la universidad.

-¿Clases?.

-Sí, doy clases. Tengo un grupo de teórico del Selectivo y clases prácticas.

-Y el tema en que está trabajando, ¿puede interesar?. O sea, ¿es para este nivel de Selectivo?.

-No, no interesa para nada al Selectivo, no tiene nada que ver con la enseñanza. Tendría que ver ya en la carrera de Geológicas en especialización, pero para el Selectivo, nada.

-Aspectos típicos, distracciones, deportes ... .

-¡Ah!, sí, sí, sí, sí. Aficiones, tenis, y después voy a conciertos, a cine club. Y lectura.

-¿Qué tipo de lectura?.

-Especialmente novela, novela moderna. O novela clásica.

—¿Algún autor que le guste?.

—Me gustan mucho los autores sudamericanos. Por ejemplo, Mario Vargas Llosa, "La ciudad y los perros".

—¿Y de periódicos?.

—Periódicos. Especialmente leo Informaciones y un vistazo al Correo y al ABC, pero Informaciones es mi periódico preferido.

—Y, en general, sobre revistas y periódicos ... .

—Sí, revistas. Triunfo o Sábado Gráfico es la que leo normalmente. Sábado Gráfico está mucho mejor ahora que Triunfo. Ésta está bajando y Sábado Gráfico subiendo de nivel.

—¿Y de televisión?.

—Televisión sólo cuando hay buenas películas o obras de teatro buenas. Lo demás no me interesa.

—¿Y radio?.

—Radio no lo oigo casi nunca. En el coche tengo y alguna vez lo pongo si voy a algún viaje o algo así, si no, no. En casa no lo pongo nunca. Discos sí. Música clásica.

—¿Y excursiones?. Los fines de semana, normalmente, ¿qué hace?.

—Sí. Los fines de semana, ahora, ya más en verano, normalmente me voy a la playa, en la cual juego al tenis, ando mucho, hago kilómetros, quince, dieciséis o lo que sea, no?. Si hay vacaciones, casi siempre viajo o hago viajes al extranjero o incluso por España, no?, por los Pirineos, por España. Según. Cada año la zona más desconocida.

—¿Qué paises extranjeros ha visitado?.

—¿Qué paises extranjeros he visitado?. Solamente

la parte de París y Londres, nada más. Porque he estado recorriendo antes España, eh?. He visto casi todo, empezando por el Sur, siguiendo Cádiz adelante. Todos los Pirineos.

—¿En Badajoz ha estado?.

—Más por Cáceres que por Badajoz. ¿Por qué dices?, ¿por Las Hurdes y eso?. En Badajoz sí que he estado, en la ciudad sí que he estado. Me gusta más Cáceres, eh?.

—Sí, como ciudad vale mucho más Cáceres, más antigua ... .

—Muy bonita. Y además todos los pueblos de por allí, por alrededor.

—Es que Badajoz apenas tiene personalidad.

—Badajoz sí que la he visto. He estado un día. En lo que tiene mucho, una cosa que yo me fijo mucho en las ciudades, tiene mucha luz Badajoz. Es lo que me gusta, que tiene mucha luz. Pero nada más.

—Si tuviera que cambiar de ciudad, ¿cuál le gustaría?.

—Si tuviera que cambiar de ciudad, Barcelona.

—¿Le gusta Sevilla?.

—Me gusta Sevilla, sí, bastante.

—¿Le gustaría más Barcelona, por ejemplo?.

—No, no, me gusta más Sevilla. No sé si es porque soy de aquí. No me cambiaría.

—Yo tampoco, y no soy de Sevilla.

—No me cambiaría. O sea, me gusta la gente, incluso el clima, aunque en verano ya es demasiado malo, es demasiado caluroso, pero me gusta que haga mucho sol.

156

—¿Y algunos aspectos folklóricos de Sevilla?. Por ejemplo, la Semana Santa, la Feria ... .

—Sobre la Feria, verás tú, por ejemplo la Feria es ... . El ambiente flamenco sí que me gusta mucho. Ahora la Feria en general, el paseo de caballos, o lo que sea, es bonito de ver. Pero yo tengo mi opinión sobre eso, no?. Los pobres admirando a los ricos, eso es lo que pienso de la Feria, en ese sentido. Luego, la Semana Santa como arte, después como vivida no me gusta demasiado y una vez que ya la he visto en años anteriores, ya no me interesa verla más. Normalmente me suelo ir fuera, tanto en Feria como en Semana Santa.

—¿Qué les llena más, la Semana Santa o la Feria?. O sea, ¿qué es más popular, la Semana Santa, para el pueblo en general?.

—No sé qué decirte. Quizás la Feria, no?. No sé qué decirte, no lo sé, no lo sé. No sabría decirte exactamente qué preferirían.

—En general son bastantes populares ... .

—Sí, las dos cosas.

—Y, así de la Feria, por ejemplo, ¿qué se hace normalmente?. Yo he estudiado aquí la carrera, pero en vacaciones me he ido normalmente al pueblo.

—Mira, no. En Feria, por la mañana lo que es bonito es el paseo de caballos y después ... . Pero la Feria yo creo que cuando tiene más encanto es por la noche. Y metida en ambiente flamenco. Lo demás no tiene interés, porque, total, si pasas solamente como de revista, si no te metes en el ambiente, si no pasas de revista, te encuentras con gente bailando y ya está. Ahora, los niños pequeños, pues, pueden tener interés en el Infierno, y ya está.

—¿Y para un turista?.

—Para un turista supongo que lo que le gustará más será el flamenco. Pero tendrá que introducirse en un

ambiente. Si lo ve desde fuera no creo que le va a
gustar mucho. Creo que es fácil, porque existen
casetas para eso o que dejan entrada libre.
Precisamente a los extranjeros les dan más acogida.

—Y, por ejemplo, la romería del Rocío?.

—Sí. Yo no he ido nunca.

Oye, Araceli, tú deberías también formar parte de
esto. Que aquí acribillan. ¿Tú qué piensas de la
Feria?.

—Interesa que hables tú.

—Sí, porque soy la que .... Pero que tú me
preguntes a mí.

—Le estaba preguntando sobre la romería del Rocío.

—Yo, el Rocío, no he ido. He ido al pueblo, pero
cuando no había, cuando no ha sido el Rocío, y he
visto sólo entradas y salidas. O sea, sé de oídas,
pero nunca he ido. Mucho polvo, mucho baile, pero
nada.

—Yo tampoco lo conozco porque no he ido.

—Así como a otras romerías de pueblos, más menos
significativas, sí, al Rocío propiamente, no. Es que
si coge en trabajo, como no sea que te vayas un
domingo, es muy difícil.

—¿Qué es lo que hace la gente los fines de semana
aquí?.

—Bueno. Aquí yo creo que el cine, el cine de
invierno. Bueno, verás tú, según. Es que está el
problema de gente casada o de gente soltera. La
gente casada o con hijos suele salir fuera. Si hace
buen tiempo, pues va a chalets de los alrededores, o
a la playa en verano. Y después, al cine. Yo creo
que se va mucho. Y además, ahora mismo en Sevilla,
con relación a los cine clubs, hay bastantes. Está
bastante bien, porque hay cuatro o cinco cine clubs

que están bastante bien organizados, no?. Contando
lo de Ingenieros Industriales, de Arquitectura, el
Club Vida, el Universitario. Por lo menos entre los
estudiantes tienen bastante, sí, sí, aceptación.

—Respecto a la vida de Sevilla, ¿alguna cosa que
le guste especialmente?.

—Quizás me guste la gente, no?, de Sevilla. Yo no
sé si es porque soy de aquí, pero me gusta que sean
abiertas. No sé, yo es que estuve, por ejemplo, unos
años estudiando fuera. Luego, cuando volví, que
preguntaras a una mujer dónde estaba la calle tal y
te dijera "Sí, sí, yo voy para allá, yo mismo te
llevo". Y que te llevaran ellos mismos a los sitios.
Muy abiertas. Esto es una cosa ... . Por ejemplo, yo
en Madrid he estado muy poco, pero no existe esto
que parece muchas veces un tópico en Sevilla, pero
yo creo que no. Sí. Incluso dentro de Andalucía, yo
creo que es la que más. Porque Granada, que yo voy
bastante porque estoy haciendo allí la tesis, es más
cerrada.

—Sí.

—No sé, eso llama bastante la atención. No sé, a
mí me gusta. Quizás, luego, mirado a fondo, no sé yo
cómo será la gente. Quizás sea peor. Pero vamos, por
lo menos las formas ... .

—La gente que no es de Sevilla dicen mucho que en
Sevilla son muy forofos de su tierra, de sus cosas.

—Pues mira, yo voy a los sitios y a mí me gusta
cada sitio. Yo a cada sitio le encuentro su encanto.
Yo no sé, quizás no hayas encontrado una sevillana
demasiado típica, porque las sevillanas demasiado
típicas no se mueven ni en Semana Santa ni en Feria,
eh?. Yo, no sé. Y además encuentro que cada sitio
tiene su encanto, su particularidad. Ahora, quiero
vivir aquí. Esto sí que te digo, me gusta vivir
aquí. Claro, en Madrid está la Ciudad Universitaria
que es un mundo aparte y que está todo más recogido.
Granada, la ciudad es mucho más pequeña y entonces
el ambiente universitario se nota mucho más. La

gente universitaria está mucho más unida, de forma que Granada, por ejemplo, vas en tiempo de curso o en tiempo de vacación y notas una diferencia enorme, en el mismo ambiente del centro, no?, que es muy pequeño, y que se nota el ambiente estudiantil una barbaridad. La gente de Granada, no sé, quizás porque no está muy en el interior, en la costa, se mantiene con unas tradiciones muy antiguas, incluso en el vestir o en lo que sea. Entonces se nota tremendamente cuando están los estudiantes que hay muchos estudiantes de fuera, o cuando no existe vida de universidad. En cambio, en Sevilla, yo creo que la universidad, en general, pasa mucho más desapercibida. Es la ciudad. Ahora, ¿tú te referías a eso o al ambiente de la universidad?.

—O sea, en la universidad dentro de la ciudad.

—Eso, dentro de la ciudad me parece a mí que se nota muy poco, no?. Excepto quitando quizás cuando hay aquí jaleo en la universidad. Huelga o esto. Que ya trasciende. Pero que normalmente yo creo que no trasciende mucho, que la vida de la universidad ... .

—Aparte de eso, en Sevilla hay menos estudiantes que en Granada.

—Yo creo que sí. O sea, siendo una ciudad mayor, no sé. Quizás porque no exista Farmacia u otras especialidades a que la gente normalmente acuda, no?.

—Sí.

—No sé.

—Y ¿sobre el ambiente de la universidad?, dentro de la Facultad de Ciencias, ¿la gente tiene preocupaciones, la gente lee?.

—Yo creo que es muy escasa ... . O sea, que la gente ... . Verás tú, que hay una minoría en relación a esto, o sea, que propiamente la gente que estudia no se puede decir por eso que sea gente

160

cultivada. Vamos, yo encuentro que hay una minoría, que generalmente se suele dar en los extremos esa minoría, no?. A lo mejor la extrema izquierda, o otros grupos diferentes que normalmente, por ejemplo, además en Ciencias ... . No sé si en Derecho o en Letras, como quizás las mismas asignaturas den pábulo a más diálogo. Pero como las Ciencias se mete la gente en los laboratorios o así, a veces si no leen por otro lado, se salen de esto, y sí pueden saber mucho de Química, pero no los saques de ahí que después no saben nada. Entonces son gentes, a lo mejor en quinto o en cuarto de carrera, que no les puedes hablar de ningún tema porque no ... . Yo creo que pasa más en Ciencias que en otras facultades esto, eh?.

—Sí.

—Aunque también hay gente muy bien. Me refiero al conjunto en general. Me parece que se ... . ¿En Filosofía también?.

—En Filosofía, existe, quizás, un mayor porcentaje de personas que tengan intereses culturales, pero también existe una gran cantidad de gente que va a empollar solamente, no?, y que se sabe todo de memoria.

—Sí, que después no sabe de nada.

—Pero que después no tienen cultura.

—Yo creo que quizás aquí, en esta ciudad, esto esté entrando ahora más.

—¿El interés cultural?.

—Sí. Yo creo que en estos últimos años ... . Bueno, quizás sea una cosa general, de todas las ciudades, pero quizás aquí esté entrando más ahora.

ENCUESTA: C 2 H 2.

EDAD: 38 Años.

PROFESION: Profesora de Universidad.

—¿Dónde has nacido?

—He nacido en Sevilla y siempre he vivido en
Sevilla porque ... . Vamos, salvo algunas temporadas
que he estado fuera, pero, vamos, han sido cortas.
Nací en Sevilla, no sé ni en qué barrio porque
enseguida me mandaron para Triana. Se trasladaron
mis padres y allí, pues, casi, no sé, casi toda la
infancia la pasé en Triana. Por lo menos diez años,
o quizás más, en Triana. En Triana, más de diez años
porque viví en dos calles de Triana, una en la calle
Covadonga y otra era San Jorge. Y después, ya, pues,
pasé a Los Remedios.

—¿Dónde estudiaste?.

—Durante la primaria me llevaron a un colegio de
religiosas que está en la calle Betis, de monjas de
Cristo Rey hasta que hice la primera comunión.
Después pasé a un colegio privado que era un colegio
seglar, una academia, colegio mixto. Allí hice todo
el bachillerato; bueno, el bachillerato elemental,
porque en quinto pasé al instituto y, ya allí, pues,
hice los dos cursos del bachillerato superior, el
preu. Y después pasé a la Facultad de Filosofía y
Letras, donde he hecho toda la carrera y he
continuado, porque he quedado incorporada en este
departamento.

—¿De dónde son tus padres?.

—Mis padres no son de Sevilla. Bueno, mi padre,
que ya ha fallecido, era de un pueblo de la

provincia de Cádiz, pero de la parte de la sierra.
Bueno, sí, de la sierra, claro, de un pueblo que se
llama Algodonales. Mi madre también de la provincia
de Cádiz, y también de la parte de esa misma zona,
de un pueblo muy pequeño, muy pequeño, muy pequeño,
pero muy típico, que es Cetenil. Cetenil de las
Bodegas.

   -¿Qué piensas de Sevilla?.

   -Pues, mira, pienso, pues muchas cosas, no sé, por
de pronto me gusta mucho. O sea, siempre he vivido
en ella y cuando estoy fuera la echo de nenos. Seré,
no sé, muy localista, pero me gusta mucho Sevilla y,
no sé, la encuentro una ciudad, pues ... . No sé, no
es una gran ciudad como Barcelona o Madrid, así, más
cosmopolita, pero tiene su encanto artístico. Y, por
otra parte, tampoco es una ciudad que se vea muerta,
no?, que en la historia esté ya dormida. A mí me
gusta mucho. Claro, tiene, pues, figúrate tú, si nos
ponemos a contar todos los fallos que tiene pues
esto sería horroroso, o no?. Empezamos con el
tráfico, con lo otro, con el comercio, con la gente,
con tal y cual y no acabaríamos nunca. Por ejemplo,
el tráfico. Mira, es horroroso, no?. Yo no sé, desde
luego, qué solución le van a dar, ni nada, porque el
periódico todos los días, eso es de morirte ya de
risa, no?. Porque, por ejemplo, mira esto de las
vías rápidas. Han puesto en vías rápidas
concretamente una calle que hay al lado de mi casa
que es una calle particular, vamos, que es donde
vive una amiga mía, y allí los coches lo que no
pueden es circular porque nada más que es para
aparcarlo, no tiene circulación. Como ésto, pues,
montones de cosas, no?. O sea, que, no sé, que si lo
van a cortar, que si pito que si flauta. Desde luego
yo no le veo arreglo de ninguna manera, no?. Aquí, o
se acaban los coches, o se cogen las bicicletas, o
yo no sé qué va a pasar, pero desde luego, no hay
quién lo entienda, vamos. Claro, que todo esto del
tráfico, pues, está en relación con, aparte de que
es un problema a escala mundial, no?, esto está en
relación, desde luego con la fisonomía de Sevilla,
con el trazado de Sevilla. Claro que, aunque casi
todas las ciudades españolas el trazado no es un

trazado recto, como si dijéramos a cordel, o no sé cómo se dice. Bueno, pero quizá precisamente es lo bonito, no?, porque vas por la calle y no ves la calle amplia, no la ves despejada al fondo, no?. ¿Por qué?. Porque te cortan otras casas y eso es precisamente, a mí por lo menos, lo que me gusta, lo que le da mayor encanto. Claro que, se habla mucho, pues, del barrio Santa Cruz y tal, pero, vamos, eso no tiene nada que ver con el tráfico, porque es un recinto y tal, y no es la fisonomía de la ciudad ni muchísimo menos. Es como un reducto que hay allí, y ya está. Toda la ciudad, no solamente las edificaciones que tienen un tipo marcadamente árabe, no?, no son todas, no?, es el tipo de ciudad castellana, si decimos. No quiere decir que porque sea un trazado árabe, ni muchísimo menos. Esto está más bien reflejado precisamente en pueblos que en la misma ciudad.

—En cuanto a información, ¿crees que Sevilla está al día, o piensas que debería ponerse un poco mejor?.

—Hombre, teniendo en cuenta, pues, la tónica general de información en todas las ciudades españolas, pues, ni más ni menos que como otra. Creo yo, vamos. Un periódico local como el Correo de Andalucia, pues, sí, trata mejor los problemas locales que otro como el ABC, no?, que se limita a dar las noticias de la agencia y ya está, pero que los problemas, pues, no, no los aborda como el Correo o el Sevilla. Vamos, el Sevilla no sé yo, no lo leo mucho, pero la información no creo que sea muy buena. En fin, para esto, no sé, hay también ya que ver la ideología de cada cual, si está más identificado con un periódico que con otro. Ahora, yo creo que, desde luego, el Correo es el que mejor refleja, hoy día, de los tres ... . Porque, claro, no hay más, no?. Bueno, Pueblo en la edición sevillana, pero no la conozco mucho yo esa edición, y creo que el correo es el más indicado para reflejar estos asuntos.

—Pero, por el contrario, ¿no crees que los periódicos que nos llegan de Madrid vienen mejor informados que los que tenemos aquí?.

-No sé, yo creo que no. Sí, Informaciones, por ejemplo. En general no creo yo ... no creo que prácticamente haya mucha diferencia entre las informaciones que se dan en otro sitio y las que se dan en Sevilla. Aquí todo a base de teletipo y de tal, y no creo, vamos.

-¿Qué sueles hacer un día normal?.

-Bueno, pues, un día normal, no sé, la cosa cotidiana que hace todo el mundo. Después de levantarse y todas las demás cosas, pues, nada, trabajar. Me vengo aquí al departamento y aquí, pues, transcurre todo el día prácticamente, porque a veces me pongo a trabajar y como estoy haciendo el doctorado, pues, me entretengo y no es un horario fijo como en cualquier otra actividad, no?, que cierras, o lo que sea, y a la calle. Entonces, pues, normalmente estoy aquí, pues, hasta que me canso, o bien que algún día voy a ver cualquier cosa que pongan, alguna película interesante, una charla, un concierto, cuando los hay. En fin, esto es lo normal, no?, a tomar unas copas o con los amigos, en fin, lo normal. Yo creo que es lo que hace todo el mundo.

-Cuando estabas en el colegio, tu vida ¿era como es hoy?, o cambiaba en algo.

-Hombre, era totalmente distinta, en el sentido de, en fin, de los años en primer lugar, no?. En fin, yo lo pasé muy bien, muy bien, muy bien, en el colegio; pero más que en el colegio fue en el bachillerato. Sobre todo en el instituto, pues, lo pasé francamente bien, mucho mejor que en la universidad. No sé si es que las compañeras eran más divertidas. Era más divertida desde luego la vida que la de la Facultad, bastante más. No sé por qué, quizá mi curso era un curso de gente muy apática, yo incluída. Nos limitábamos a venir a las clases y pocas actividades. De reunirnos y eso nada. Era rarísimo, no?. Recuerdo que una vez, pues, nos reunimos a comer todo el curso; un curso que era muy

168

reducido, en la especialidad, no?. O sea, que no tuvimos mucha vida universitaria. Prácticamente nada, vamos. En cambio en el instituto, pues, hacía la vida plena de, aparte de los estudios, de las cosas propias, las travesuras, los buenos ratos, cuando nos expulsaban y todo, porque de todo hubo, no?. Yo lo pasé mucho mejor, mucho mejor. La Facultad no, no. Claro, siempre queda el peso ese que da la Facultad, los cinco años aquí y tal te dan una formación y todas esas historias. Pero, vamos, de decir satisfacerme más, no. Mucho más me satisfizo el bachillerato. Por ejemplo, pues, qué te digo yo, en el bachillerato hacíamos travesuras, vamos, hacíamos barbaridades, no?. En la biblioteca, pues, patinábamos. Cosas increíbles, no?, y las mesas de los profesores y eso, nos servían para jugar al ping-pong y cosas así, que sin duda no se recuerdan muy bien. Más buenos ratos que malos ratos. En cambio en la universidad, pues, en fin, nos hemos tragado cada tomazo y cada señor que eran inaguantables, eran .... No se podían digerir, de fechas, de datos. Claro, todo es necesario, pero es horroroso. Sí, vamos, que tiene su valor y todo, sobre el cual después los cimientos estos que son indispensables y todo esto, no?, pero, vamos, no había una verdadera comunidad entre nosotros ni una vida universitaria plena, vamos, lo que se puede pensar de unión y tal. Yo creo .... No sé .... No le echo la culpa tanto .... Yo creo que la culpa la tuvimos el curso, porque el curso anterior, por ejemplo, era un curso muy emprendedor, siempre se reunían, tenían muchísimas actividades, realizaban cosas. En cambio, nosotros no. No nos importaba, no sé por qué. La mayoría de los compañeros, la inmensa mayoría tenían novio, y no le importaba la vida de los demás en el sentido de reunirse y de hacer actividades y organizar cosas y, vamos .... Claro, que eso era en cuanto a mi curso. Y sin embargo sí había cierto ambiente en la Facultad. En la Facultad había cierto ambiente que quizá yo lo vea ahora que se ha perdido mucho con esto de la masificación. Indudablemente veo que ahora hay una cantidad de gentes tremenda, pero no se conocen unos a otros; y es curioso porque ves a gente de un mismo curso que le pregunto: "¿éste es de tu curso?", "pues, no lo

sé!". O sea, no sé si sobre todo esto habrá un fondo
común o algo, pero no sé, no sé, no lo veo muy
claro. No veo yo a esta vida ... . Porque, sí, se
organizan ... . De vez en cuando hay montones de
carteles por las paredes: que si tal ciclo de
películas, que si tal conferencia; pero es una cosa
que, claro, con esto de la masa, no?, no se
diversifican, no conglomeran a los alumnos. Y si es
después, cuando salen de la Facultad, pues, en fin,
ya está totalmente perdido, no?, porque cada uno se
busca el dinero como puede, que es lo que, quieras
que no, priva al salir de la Facultad. Y a ver
dónde, en qué colegio, qué es lo que vas a hacer.
Total que es rarísimo, ya después, el reunirse. Y se
reúnen, nada, cada cual con sus asuntos. A nadie le
importa lo de los demás, vamos, esto es general en
todo tipo de relaciones, no?. Y el problema este
agobiante que es desde luego de la salida
profesional, no?, que ahora con todo este jaleo, que
es horroroso, no?, ya no sabe uno por donde anda, de
las leyes nuevas y los cambios y todas estas cosas
que es un desconcierto tal, no solamente, vamos, ya
en el plano profesional sino en el plano académico,
de planes, de cambios, de tal. O sea, no sé, es un
lío. Antes todo, más o menos, pues, tenía una
directriz, algo que lo unía, pero ahora ya, pues,
con esto que está todo el mundo, pues, no sé, como
descabalado ... . Yo desde luego no sé este nuevo
plan qué beneficios traerá ni nada. Es uno de tantos
muchos como se están llevando a cabo en España en
materia educativa. En fin, cada cambio ministerial
pues parece que hay un cambio de planes de estudio.
Yo, a lo largo del bachillerato y de la Facultad,
pues, no sé cuántos planes he pasado. Vamos, yo no
sé de qué plan soy ahora mismo. No sé esto de la
EGB, en el niño, qué resultado traerá, qué tal o qué
cual, porque esto, a la larga, es cuando se verá.
Vamos, si es que no han cambiado las cosas y
entonces ya, pues, resulta que esto tampoco sirve.
Hay quien dice que esto ya está desfasado. No tengo
yo mucha idea de esto, desde luego. En fin, es todo
una pura, no sé, como transición. No se sabe nada.
Ni dónde vamos a ir, ni nada. Ni se ve claro ni los
organismos competentes, vamos, indicados para ello,
ni por parte de los elementos más inferiores.

—¿Piensas que el estudiante, hoy, se prepara mejor que antes?.

—Pues, mira, yo francamente creo que sí. A pesar de todos los fallos y todas las cosas es bastante más responsable y más consciente. Yo, vamos, amigas mías que están dando clase en instituto y eso, me comentan trabajos que les hacen los alumnos y tal y, la verdad, es que nos hubiera parecido a nosotros, de hacerlo, pues, algo realmente, vamos, un alumno brillantísimo, no?, una cosa fuera de serie. Y es muy normal. El alumno está mejor preparado, más capacitado, no es como antes que, no sé, quizá estudiaba menos gentes y se pasaba más la mano. No sé yo. Todo esto es cuestión de analizarlo y entraña muchos problemas. Pero desde luego, sí, yo creo que el alumno es bastante más consciente y más responsable, bastante más. Bueno, hay también el caso de barbaridades, no?, y de cosas incomprensibles. Quizás por este paso que se está dando para que todo el mundo estudie y tal, no?. Porque es que hay cosas que son de risa, vamos. No sé. Por ejemplo, a mí una niña, en un examen, repetidora, archirrepetidora de cuarto, no?, que les dije que me pusieran algo del Arcipreste de Hita, y lo único que me puso fue: "El Arcipreste es un gran libro de leyes que se conserva en Hita". Vamos, como ésta, pues, hay montones de cosas. Podría contar. Pero, ves?, claro, esto es debido a la cantidad de alumnado que hay, no?, que se le pasa, vamos, que van todos a estudiar. Y, aunque les cueste trabajo y tal. Aunque, vamos, por lo menos en el plan antiguo, ya en cuarto, se les daba el corte con esto de la reválida y se hacía una especie de selección, no?, pero, indudablemente hay montones de casos. De anécdotas de éstas, pues, podría contar muchísimas. Pero el estudiante sale mucho, mucho, mucho más preparado. Yo, desde luego, de experiencia de tipo de bachiller, no?. He dado clases y tengo bastante experiencia. Desde luego cada cual cuenta las cosas según le va, no?, en esto de la enseñanza. Se habla muy mal de la enseñanza religiosa. Del profesorado, que está en unas condiciones ínfimas, y que no tal y cual. Todo esto, que ya sabemos, no?. Pero yo, sin embargo, aunque he dado clases en colegios de tipo

religioso, a pesar de que mi formación, pues, no ha
sido de colegio religioso, me parece que dije antes
que estudié en una academia de enseñanza mixta, un
colegio privado, pero a mí me fue muy bien, muy bien
en el colegio y no sé, quizá al cargo de los
colegios había, pues, monjas muy competentes, no?.
Una, concretamente, era compañera mía de la
Facultad, vamos, de un curso superior, y era la que
llevaba todo. Era una mujer de una visión
extraordinaria y no opinaba ni nada, sino que
siempre pedía consejos a las profesoras, al claustro
y no se dejaba ella llevar por sus ideas, sino que
lo sometía, para todo lo relativo al colegio. Lo
cual me parece muy bien. Porque no era la persona
competente, pero que ella ordena y manda, no?, sino
que siempre teniendo en cuenta la opinión del
profesorado. O sea, que me parecía muy bien, no?.
Claro que, no sé, porque tampoco la formación de las
niñas y todas estas cosas, tampoco la palpé mucho
porque esto de la enseñanza es ir y dar una hora o
dos o tres en un colegio y adiós, muy buenas. Ahora,
pues, parece ser que esto está transformándose mucho
con las reuniones de padres, de tal y de cual, pero
entonces no teníamos más contacto que algunas
fiestecitas. Las cosas estas típicas y, no sé
después, las niñas, cómo saldrían formadas, y toda
esta cuestión, no?. Eso ya es el problema de la
enseñanza religiosa, de la mixta o no mixta. En fin,
que no me quiero meter en estos problemas porque no,
no conocí yo muy a fondo la formación de las niñas.

-¿Consideras efectivas la preparación de los
colegios privados?.

-Yo creo que sí. A mí me parece que sí. No sé,
vamos. Tengo experiencia de alumna de colegio
estatal, como fue el instituto, y de colegio privado
como fue la academia donde hice el bachillerato
elemental. Yo creo que sí. Claro, que esto depende
de la calidad del centro que imparta la enseñanza.
Desde luego. Y, por supuesto, yo creo que sí, que es
conveniente. Claro que, el colegio religioso tiene
que cambiar muchísimo, no?. Éstos, de día a día, se
quedan atrás. Pero con todo, yo creo que sí, que
debe de haber una diversidad.

ENCUESTA: C 2 H 3.

EDAD: 43 Años.

PROFESION: Funcionaria.

—¿Quiere decirnos, por favor, su nombre?.

—María.

—¿En qué parte de Sevilla nació?.

—Yo, aunque nacida, como domicilio mío, en la zona de San Martín, pero, luego, por razones de vivienda, de familiares, sobre todo, de abuela y eso, nací ... . Bueno, nacer desde luego, pero, además, me he criado gran parte del tiempo en el sector de la Macarena. Lo digo esto como dato quizás de cierto interés.

—Sí. Es interesante, porque precisamente ... .

—Es decir, que he compartido entre la parte más central de la ciudad, como era la zona de San Martín, más tirando, en fin, hacia lo que ha sido siempre el centro antiguo de Sevilla, entre una zona tan típica y tan popular como la Macarena. Tengo los dos conocimientos, pudiéramos decir.

—¿Ha vivido siempre en Sevilla?.

—Sí. Con apenas salidas, generalmente siempre manteniéndome en la ciudad. Conozco algo del país y de Portugal, pero la verdad es que he estado siempre en Sevilla.

—¿Y sus padres eran sevillanos también?.

—Pues ahí ... . Mi padre, desde luego, de Sevilla;

175

mi madre, desde muy pequeña, en Sevilla, pero con la particular razón de que mi madre procede de la sierra de Ronda, donde mis bisabuelos eran -en fin, aunque eso ya queda muy lejano-, terratenientes. Y mi padre tenía madre extremeña y padre cordobés.

-¿Recuerda dónde hizo la escuela primaria?.

-Sí. Especialmente en el colegio de las Carmelitas de la Caridad, y, no obstante, también, pues, una especie de profesores y de enseñanzas así, más o menos en casa. Porque el hecho de ser hija única llevaba a que se temía un poco que la niña saliera al colegio y cosas así. Pero, en fin, en general, hice el aprendizaje primero, dentro de lo que es típico aquí, de un colegio de religiosas. Por lo menos, así era en mi etapa de infancia.

-¿Recuerdas algunas anécdota curiosa de ese período de enseñanza primaria?.

-¿De qué tipo?. Vamos, porque ... .

-Pues no importaría, de cualquiera de ellos.

-Porque, de tipo ... . Por ejemplo, recuerdo de que desde muy pequeña y desde antes de saber escribir, creo que era poeta. Porque, muy pequeña, muy pequeña, apenas diríamos sin, lo que se puede entender por regla general, tener uso de razón, -pero por lo visto yo, si no tenía uso de razón, sí tenía por lo menos, uso de fantasía-, mi padre me regaló, siempre me acuerdo, una libreta verde, muy bonita, que tenía un lápiz de éstos que se pone así. En fin, buscando lo que a mí me pudiera interesar, más por la vista que por otras razones. Que yo todavía no escribía, pero entonces yo me ponía a escribir y yo soñaba que escribía cosas. Más adelante, ya en el colegio, hice infinidad de cosas. Yo hacía mis periódicos, yo hacía mis poemas, que, naturalmente, un buen día llegaron a mano de la superiora. Y, entonces, yo, ya se puede decir que ya desde catorce años, catorce años en adelante, se decía que yo era poeta. Y, en fin, quizás, como yo diría, como anécdota, y más que anécdota como razón más importante, y que podría recordar en lo sucesivo, que yo en aquella etapa, precisamente de colegio de religiosas, y cuando decir algunas cosas eran verdaderamente del tipo de los monstruoso, yo me anticipé al Concilio Vaticano II.

–Y, ¿qué otro tipo de estudios ha hecho?.

–He hecho muchos tipos de estudios. Porque, por ejemplo, posteriormente, aparte de prepararme cosas así, de tipo administrativo, para ingresar aquí, como funcionaria, en el Ayuntamiento de Sevilla, donde fuí funcionaria a los diecinueve años, antes de ser mayor de edad, yo ya tenía un carnet, naturalmente firmado por el gobernador, como funcionario. No sé si estas cosas pueden ocurrir o no, pero, por lo visto, ocurren. Y entonces, después, intenté hacer el Profesorado Mercantil, que no lo tengo terminado, pero sí con muchas asignaturas del mismo Profesorado. Y, aunque yo insistía en aquellos estudios, porque, en parte, también la familia decía que aquello era conveniente, y como una carrera más breve, en aquellos tiempos que todavía no teníamos grandes facilidades para los estudios, sobre todo las personas que tuvimos que trabajar desde muy joven, llegó un momento en que yo me dí cuenta que aquello era superior a mis fuerzas, y lo dejé sin más, sin más dudarlo. Más adelante, pedí la conmutación para bachillerato. Hice también estudios de bachillerato, que tampoco terminé, y, no hace mucho, me presenté al ingreso de los mayores de veinticinco años a la universidad de Sevilla, concretamente a la Facultad de Derecho, cuyo ingreso obtuve y actualmente soy estudiante de primero de Derecho. Así que soy una persona que ha hecho cerca de ochenta exámenes de grado medio, incluyendo alguna reválida, con lo cual se puede interpretar que, en fin, con seis cursos de idiomas modernos, algunos también de Latín y eso, aunque no tenga el título de bachillerato, creo que quizás tenga algo más.

–Y, ¿se compagina muy bien el estudio de Derecho con la poesía?.

—Se compagina el estudio de derecho, sobre todo, con la aspiración que yo tengo, por encima de todas las cosas, de justicia. Creo que el día que exista la justicia, y, por consiguiente, la verdad, o lo que más se le aproxime, quizás sea más difícil todavía encontrar la verdad que la misma justicia, pero, en fin, el día que intentemos todos llegar a ese estado de justicia, a lo mejor esto es una utopía, pero yo lo pretendo, podremos desarrollar todas las demás cosas. Creo que el mismo arte no se desarrolla bien, el mismo arte, la literatura, la ciencia, el entendimiento humano, la convivencia precisamente porque nos falta ese reino de justicia, que yo deseo sobre todas las cosas. Así que diría que los estudios de Derecho, de Ciencias Políticas, de movimientos sociales son los míos.

—Y simultanea, ahora, naturalmente, el estudio de Derecho con la profesión de empleada de aquí, en el Ayuntamiento.

—Bueno sí. Esto es una especie de circunstancia inevitable en un país donde generalmente no hay nada previsto para las ocasiones, curiosamente pudiéramos decir más lujosas, que es ser escritor. Ser artista, es una especie de lujo casi insultante para el resto de la entidad social. Entonces, pues, si no se tiene, propiamente, vamos, y como ya he dicho antes, que quedó muy lejano lo de mis bisabuelos terratenientes, verdad, y en fin, hoy llevamos dos generaciones de retraso en lo económico, pues para salir adelante, había que hacer algo. Yo hago esto como podía hacer otra cosa corriente de actividad, en fin, tenía que tener un trabajo, y soy funcionaria, y procuro hacerlo lo mejor que está dentro de mi estilo, de como se deben desarrollar las actividades. Pero, sin embargo, ni esto es mi vocación, ni este debiera ser mi sitio en una sociedad auténticamente organizada.

—Por ahí iba la pregunta mía, para indicar que le quedaría bastante poco tiempo para cultivar las cualidades poéticas, muy notables, por .... .

—Bueno, pues ... .

—Por lo que yo conozco, que posee.

—Bueno, pues, a lo mejor, si tuviera más tiempo,
puede ser que hiciera más, o no sé si hasta haría
menos, pues, se dan cosas muy curiosas en esta
distribución del tiempo. Pero, quizás, si tuviera
tiempo, haría el triple, porque yo creo que podría
hacerlo, insistiría más en el conocimiento de otra
serie de autores que naturalmente me quedan por
conocer, me quedan por estudiar. Desarrollaría mucha
obra que siempre tengo proyectada. Pero, sin
embargo, pese a todas las dificultades, y yo creo
que la mayoría de las veces ha sido porque he
procurado, en lo posible, aprender a dormir menos,
lo menos que se pueda soportar, yo he conseguido
hacer una obra poética que es más bien, vamos,
extensa dentro de lo que es usual, y más en una obra
poética que tampoco suele ser muy extensa, no es
corriente, o, por lo menos, los últimos tiempos no
se dan grandes volúmenes de un solo autor, no. Y
confío todavía en seguir. Incluso tengo empezado
obras narrativas. Tengo incluso hecho alguna obra
dramática, pero quizás muy poética. Tengo apuntes
para otras obras también dramáticas. Y a mí me
gustaría desarrollarme en una serie de facetas,
dentro de lo literario, muy amplias. Y luego, me
interesa también el ensayo, y me interesa el
estudio, y ya le he dicho que el tema de la
justicia, y lo social. Y, en fin, aunque soy notable
en Derecho Político, pero eso quizás no lo diga
todo, la verdad es que yo creo que la política,
entiendo la política en un grado más superior del
que se desarrolla, que no responda a intereses
egoistas de lo tuyo, lo mío, y de frontera, sino la
política como arte de la convivencia y, sobre todo,
como la aspiración humana de respeto mútuo de los
unos a los otros. En fin, se me ha ido un poco el
hilo, pero a lo que yo intentaba llegar es a decir
que no obstante, yo desarrollo mi obra literaria, la
he desarrollado y que tengo mucho más que hacer, y
que, si, a lo mejor, en fin, en vista de que Dios me
presentó estas dificultades, me da una larga vida, y
aunque vivir ya muy anciano, pues, tal vez sea muy
molesto, pero, en fin, yo le agradecería mucho a
Dios si me diese tiempo para desarrollar todo lo que

aún quiero hacer todavía.

−¿Cómo encuentra el ambiente de la universidad actualmente?.

−Yo encuentro los ambientes, en todo orden de cosas, muy deficientes. Con las grandes distinciones que tengamos que hacer con ese "sálvese quien pueda", y llenando la gloria a todo el que sea una auténtica excepción en cualquier panorama. Lo digo porque, al ser el panorama peor, la excepción vale más todavía. Pero ciertamente que aquello que debiera ser la cosa principal de la cultura, deja lo suyo que desear. Lo que deben ser instituciones serias y cosas, que sé yo, de un gran peso intelectual, y de un gran peso moral, no se han conseguido. No sé si están los reglamentos acertados, pero la práctica está regular.

−¿No cree que podría, quizás, en algún sentido, dañar a su propia poesía una cultura universitaria excesiva?. Yo hablo quizás por propia experiencia, porque de joven, también escribía mis poemas, pero, tan pronto como entré por el camino directo del estudio de la Lingüística, de la Literatura y de la Crítica, es una de las razones por la que me he hecho tremendamente riguroso y me cuesta mucho escribir.

−Es una de las razones por la que yo me he resistido a entrar en la Facultad de Letras. Porque yo entiendo que, si soy creadora, y si ya tengo hecha una obra de creación, y si tengo todos los síntomas de las rebeldías y del propio pensamiento, vamos, del propio pensamiento lo tenemos todos, un pensamiento, diríamos, muy singular, muy hecho para mí misma, me parecía que podía ser destructivo. Por lo menos un combate que se libraría en mí, y hasta de mí, frente a los profesores, a los maestros, si yo me inclinaba a la Facultad, donde me iban a someter a una especie de proceso científico de lo que es la lengua y de lo que es la literatura, cuando yo creo que debo seguir a solas, y hasta, diríamos que un poco a ciegas, como el creador, estimo, que debe, la mayoría de las veces, ir. No obstante, creo que todo creador, todo escritor, todo profesional debe tener la más amplia cultura que pueda, pero no tiene que ser aquella precisamente específica, o, en fin, la pasada por el laboratorio de su especial dedicación, sobre todo, si es creador. Distinto es que si va a ser médico, o si va a ser abogado, o si va a ser químico debe tener unos conocimientos, cuanto más amplios mejor, dentro de l ˜ue puedan enseñarle en la escuela superior, ya que, en este caso, es a la universidad donde deben de acudir a ello. Pero, en el caso del creador, yo diría también que el investigador, debe tener sí unos conocimientos, pero no estar siempre pendiente del conocimiento. Al creador y al investigador llega un momento en que hay que dejarlo totalmente a solas.

-Yo soy también de esa opinión, me parece que perjudica mucho, incluso a la investigación, y a la creación, entre otras cosas, las clases, que crean una tremenda rutina y que te atan de una manera definitiva ... .

-Sí. Yo todo lo que sea un rigor y una cosa de diario igual ... . Porque, claro, hay que partir de ahí, a lo demás, a lo desconocido, no?.

-¿Cómo ve la situación, el panorama poético español en la actualidad?.

-A mí me parece que está bien. No sé si extraordinario, o si, en fin, es mejor que en otros tiempos, porque, para empezar, creo que nos falta, generalmente, honradamente entendido, perspectiva. Examinar el presente, pues, yo no sé si a base de lo que ustedes puedan tener de conocimientos más profesorales, más así a nivel de encuesta, como ahora se está haciendo, de tomar el pulso, en general, se podría llegar a saber algo. Desde el punto de vista de cada uno, yo puedo leer libros de poesías que me parecen muy buenos, y otros que me parecen muy regulares, pero falta todavía el poder abarcar una obra general de cada autor y luego selectiva, incluso dentro de ese panorama, por personas y por grupos y por tendencias y hasta por etapas, que pueden ser, a lo mejor, hasta de lustros, para saber en este siglo o en estos últimos cincuenta años, en estos últimos veinticinco, por donde vamos.

Sin embargo, yo creo, por los síntomas que yo advertí cuando salíamos los de mi generación, que éramos muchos, y creo que bastante notables, en general hablo, yo creo que estamos verdaderamente en un siglo de oro, que, si empezó en la Generación del Veintisiete y sigue manteniéndose, a la larga de un siglo, lo que puede ser un siglo, y hasta pueden ser dos, o la mezcla de dos, es muy difícil saber si va a quedar Alberti y otros más, pues, que a lo mejor todavía no ha nacido, dentro de ese siglo. Pero, claro, estamos hablando de cosas muy difíciles. Y yo no sé tampoco si va a quedar con más fuerza Juan Ramón que pueda quedar el mismo Alberti, al que me acabo de referir, ni sé todavía hasta cuánto nos vamos a sorprender cuando veamos, que creo que todavía no se ha visto todo, la intensidad lírica de un Cernuda, y así como así. En fin, yo creo que nos falta perspectiva, nos falta saber a dónde se va a llegar, dónde vamos a quedar. Y por ejemplo, volviendo otra vez a los de mi tiempo, creo que todos estamos haciendo, creando, y yo misma desconozco si me voy a quedar en los nueve o diez libros de poesía que creo que tengo, o van a llegar a cincuenta, o no van a mantener un nivel de calidad, o superándome o pasar de ahí, en fin, o si voy a tirar por otro género, si mi obra va a ser muy extensa, y no solamente ya extensa, que sería lo de menos, sino si, en la extensión, la voy a mantener en un nivel de calidad, o superándome o manteniéndome, o hasta podría descender. Es decir, yo creo que estamos en una etapa muy buena, muy interesante y casi siempre afirmo que es un siglo de oro. Lo que no sé si me estoy cogiendo los dedos, como suele decirse, al hablar así.

—No, no, en absoluto. Porque yo concuerdo totalmente, como profesor de Literatura, como usted ya sabe, en que tenemos unas generaciones espléndidas, e incluso la poesía más joven ... .

—Yo creo que sí.

—Más joven es muy digna de ternerse en cuenta.

—Yo creo que, además, en poesía, en especial, porque lo que da más este país, yo diría que casi son poetas, nos ha dado también grandes novelistas, grandes autores, en fin, aunque parece que los filósofos no se dan tanto, pero, desde luego este país es espléndido, y cuando dice a dar un poeta, lo da extraordinario. Y, si ya nos ceñimos a Andalucía, y no digamos a Sevilla, raro es el tiempo, la etapa, en que no tiene un poeta o dos grandes. Eso sin llegar a los de segunda y a los de tercera, que también son estimadísimos. Y que en las antologías literarias, y en los libros de estudios de la Literatura no se estudian ya solamente a las grandes lumbreras, porque se estudian una serie de valores que se pueden estimar de un cuarto o quinto grado. En fin, en ese aspecto, hay una cantidad, además de calidad, hay cantidad.

Importa muchísimo el aspecto, digamos social, de las manifestaciones literarias, y por eso se están revalorizando muchos genios, o medios genios, o de tercera línea, medio olvidados.

—Sí, sí, sí. Pero que, en cuanto que sean dignos y, en fin, respondan a una cosa valiosa.

—Con una auténtica justicia y con grandes frutos. Vamos, el estudio de un Silverio Lanza, por ejemplo.

—Sí, sí, la gente casi perdida, pero .... Sin embargo, es un testimonio extraordinario para conocer aquella época.

—Sí, sí.

—Y, ¿recuerda alguna anécdota concreta o algún episodio en torno, por ejemplo, al momento en que se reunió en Sevilla el grupo de la Generación del Veintisiete, en la cena del Ateneo famosa?.

—Bueno, yo, como recordar .... Yo nací en el

veintisiete y lo que se llama recordar concretamente
de aquellas etapas no puedo recordar nada, pero, sin
embargo, lo que sí creo es que en aquellos momentos
se vivían unas etapas singulares, puesto que da la
casualidad de que aquellos señores, cuando vinieron
aquí, y ya eran admitidos como personas mayores, en
tribunas y en manifestaciones de tipo cultural en
Sevilla, el que más, de los creadores, tendría unos
treinta años, que es la edad en que se ponen las
picas en Flandes, a partir de ahí, ya no se ponen
más picas, se ponen los pies de una forma sencilla.
Y no es lo mismo dar la nota antes de los treinta
años que darla ya cercano a los cincuenta. Entonces,
esta Generación del Veintisiete, valiosísima y que
ya, cuando apareció aquí, yo creo que cualquiera de
ellos tenía cuatro obras, que el tiempo ha mostrado
que eran valiosísimas, creo que tenía la gran
categoría de una madurez intelectual. Viendo
sencillamente la fotografía de ese momento del
Ateneo, en que está un humanista como Miguel Romero
Martinez, está el señor Blasco Garzón, me parece que
era, o Martinez Barrios, no sé cuál de ellos era,
pero, en fin, sin perjuicio de sus estilos, más o
menos políticos, no nos interesan. Lo cierto es que
eran personas de una gran cultura. No eran solamente
el abogado, el médico, sino eran personas muy
abiertas a la cultura, muy respetuosas para el
auténtico creador de literatura, de arte. Y, luego,
pues, los profesores que había aquí, en esta
universidad, en sucesivas etapas, pues eran nada
menos que Jorge Guillén, Pedro Salinas. En fin, yo
creo que la cosa es impresionante. Y luego los
poetas, aparte de acompañantes, como Bergamín y eso.
Pero los poetas eran Federico García Lorca, Rafael
Alberti, un Cernuda, que aquí había también otros
poetas de Mediodía, pero ellos, cualquiera de
Mediodía tenía una gran cultura, una formación
extrordinaria y era un buen poeta. Pero lo que hay
que valorar es que, a nivel andaluz, aquellos
hombres del Veintisiete, eran grandezas tales como
García Lorca, Alberti, Cernuda y Juan Ramón, ya
mayor, pero al que tenían en grandeza, precisamente
por grande, de reconocer como maestro. Porque el
término maestro parece que es un poco imitador,
pero, vamos, o signo de imitación, y que ellos

fueran los imitadores, pero ellos le tenían el respeto que Juan Ramón se merecía.

ENCUESTA: C 2 H 4.

EDAD: 40 Años.

PROFESION: Profesora de Instituto.

-María del Carmen, normalmente has vivido en Sevilla salvo algunas salidas cortas, ¿no es así?.

-Pues sí, sí, efectivamente. Tú conoces mi vida casi perfectamente y sabes que normalmente he vivido en Sevilla.

-Tú hiciste la especialidad de América en la universidad, aquí en Sevilla.

-Sí. Hice la especialidad de Historia de América en la universidad de Sevilla.

-Normalmente sueles ir ahora a la universidad para la tesis doctoral, para la preparación de la tesis doctoral. Quiero decir que no te has desgajado totalmente del mundo universitario, ¿notas mucho cambio entre la universidad de tu época y la de ahora?.

-Pues sí, sí noto un cambio bastante importante, un cambio bastante grande no solamente en lo que se refiere, pues, a la forma, que lógicamente la forma de la juventud de esta época es distinta a la de mi época de estudiante, sino también en matices más profundos y yo creo que también bastante más complejos. Precisamente el otro día estuve un rato aguardando al director de mi tesis, y sentada en un banco de uno de los pasillos de la universidad de la Facultad de Letras, concretamente, pues, estaba viendo el ir y venir de la juventud estudiantil de ahora y apreciaba eso, el cambio en muchas cosas. En el fondo creo que existen las mismas constantes que también nos hacían a nosotros, pues, luchar y batallar con un cierto aire de rebeldía que va unido no solamente a la cronología, no solamente a la edad, sino también a las inquietudes que la propia universidad plantea a los que acudimos a ella.

—Creo que estás preparando en el Departamento de Literatura la tesis doctoral sobre una novela que se llama "Amalia", no?. ¿Qué tal la llevas?.

—Bueno pues la llevo bastante atrasada porque la verdad es que no tengo mucho tiempo, más bien tengo mucho interés y gran entusiasmo por hacer la tesis. Pero estoy muy contenta con el tema en cuestión. Porque la novela "Amalia" que de eso tú también sabes bastante, literariamente hablando, pues es una novela prácticamente clásica dentro de la literatura argentina. Pero, no solamente es por eso sino porque ya sabes que mi vocación es fundamentalmente histórica y esta novela ... . El trabajo lo vamos a encauzar de manera que me de la ocasión de estudiar también el período en que la novela se escribe. Desde el punto de vista histórico, a través de la misma narración literaria de Mármol. O sea, perseguir a los personajes que aparecen en la novela a ver cuál de ellos están sacados de la realidad, cuáles de ellos están realmente, en fin, representados bajo un camuflaje más o menos literario, pero representan a personajes de la época. Y entonces perseguir a esos personajes de esa época a ver cómo se desarrollaba ésta desde todos los puntos de vista: político, social o cultural o sociológico. En fin, creo que es muy interesante. Y también ver en qué punto entroncan la imaginación y la realidad, la ficción del escritor y su perseguimiento de la realidad en que se movía.

—A pesar de que acabaste Historia de América y ahora estás interesada en el mundo científico de los laboratorios y tal, sigues interesada por el mundo hispanoamericano. ¿No es verdad?.

—Sí. Sí, también sigo interesada por el mundo hispanoamericano. En realidad cuando, en fin, cuando tuve que decidirme a elegir una especialidad ... .

—¿Te cansas del micro?.

—Cuando tuve que decidirme a elegir una especialidad había una serie de cosas que me interesaban dentro del mundo de las letras. Me interesaba también la Filosofía, me interesaba la Psicología, me interesaba muchísimo la Historia, me gustaba la Literatura. En fin, yo tuve un momento de indecisión bastante crítico en aquella hora pero después me decidí por la Historia de América porque reunía varias cosas que me interesaban mucho. Primero la Historia Contemporánea y Moderna del mundo en que vivimos, puesto que yo estudié Historia del Arte, Historia General del Arte Moderno y Contemporáneo dentro de la especialidad y estudié también Historia General Moderna dentro de la especialidad de América. O sea, que abarcaba una serie de asignaturas que me interesaban muchísimo y que no se referían exclusivamente a América. La parte americanista, propiamente dicha, también me interesaba mucho, porque creo, pues, que América en todos los sentidos es un mundo todavía un poco inédito, un poco inexplorado. Encierra muchísimas posibilidades, tiene una potencialidad de recursos en todos los aspectos: humanos, económicos, culturales, etcétera, que en realidad no sé si todavía, pues, han llegado a su punto más importante de desarrollo histórico. Pero lo que sí es, es que es apasionante y fascinante investigar sobre él.

—Cambiando un poco de tema. ¿Te gusta Sevilla como ciudad?. O sea, ¿vivir en Sevilla?, o ¿preferirías un tipo de ciudad más grande o más pequeña?. No sé. Habla un poco de Sevilla.

—Bueno, pues verás, un tipo de ciudad más grande no me gustaría. O sea, me gusta Sevilla y me gusta vivir en una ciudad de las dimensiones de Sevilla, más o menos. O sea, quizás me gustan las ciudades casi más pequeñas que grandes. En fin, si tengo que elegir entre dos extremos.

Decía Unamuno, hablando de Salamanca, que era maravilloso poder deambular por una ciudad en la que se pudiese ir soñando por la calle. Yo creo que esto de soñar por la calle ya casi en ninguna ciudad, casi en los pueblos siquiera se puede, pero en fin dentro de esto prefiero una ciudad de las dimensiones de Sevilla. Ahora, dentro de esto, pues claro, de Sevilla hay mucho que hablar. A mí me gusta Sevilla efectivamente, me gusta Sevilla me interesa la esencialidad de Sevilla, pero creo que en Sevilla se están cometiendo tal cantidad de errores, por quien correspondan, que yo no me voy a meter, y que entre todos, porque todos tenemos nuestra responsabilidad ... .

Bueno después de esta breve interrupción se me ha ido un poco la idea de lo que estábamos hablando.

–Bueno estabas hablando de ... . O sea, de la esencialidad, no?, de unos problemas de Sevilla que tú no querías ... . O sea, defectos que tú encontrabas en Sevilla y que a tí no te incumbía hablar de ellos realmente.

–Bueno sí. Eso. Yo decía que, en fin, que se habían cometido una serie de errores que yo no me iba a meter en quien lo habíamos cometido, porque creo que todos tenemos ... . En el fondo, que todos participamos de ellos y todos tenemos un poco de responsabilidad. Lo cierto es que a veces se están haciendo cosas, que a mi modo de ver, van en contra de la esencialidad de Sevilla. O sea, de tipo urbanístico, de tipo arquitectónico, de muchas cosas de este tipo. Y Sevilla, en fin, está perdiendo un poco su entraña, que no es el tópico de la Sevilla que muchas veces se hace lugar común, no?, sino que, en fin, esa Sevilla que se pierde en las palabras pero que, efectivamente, desde luego, seguramente, tiene una esencia especial, un aire especial. Y hay cosas que le van a Sevilla y otras que no le van a Sevilla. Hay cosas que en otra ciudad, pues, podrán ser perfectamente admisibles y en cambio en Sevilla, pues, casi son un crimen de leso sevillanismo, o algo por el estilo.

–Pero, vamos, a pesar de eso tú estás contenta con vivir en Sevilla, no?.

—Pues sí, yo estoy contenta con vivir en Sevilla.

—Bueno, hace dos meses, más o menos, creo que estuviste leyendo un trabajo sobre Joaquín Romero Murube en las "Noches del Baratillo".

—Sí.

—¿Qué era?.

—Pues sí. Era precisamente en el aniversario de la muerte de Joaquín Romero Murube y entonces me invitaron a dar unas charlas sobre el poeta y a mí me agradó esta invitación porque Romero Murube, pues, siempre me ha gustado mucho como persona. Como poeta le he admirado y además, precisamente por esto mismo que estábamos hablando, entronca perfectamente con esto ahora mismo, porque Romero Murube conoció como nadie esa esencialidad de Sevilla a la que nos hemos referido. Cuando él paseaba muchas veces por el barrio de Los Remedios, por este barrio de Los Remedios, en fin, que es una de las cosas más contrapuestas a lo que es Sevilla, pues, en fin, se alborotaba, se enfadaba muchísimo. Y otras veces, pues, se acodaba en uno de los puentes, se quedaba con la mirada perdida en la lejanía pensando en lo que era Sevilla y en lo que debía ser Sevilla y lo que tenía que ser. Además mi charla sobre Romero Murube, pues, en fin, siempre asomando esta vocación histórica que tú conoces de mí, fue una especie de parangón entre un trabajo que él hizo, es decir, el protagonista de un trabajo que hizo sobre Don Francisco de Bruna y Ahumada, que fue alcaide del Alcázar de Sevilla en el siglo XVIII. Él, que ha sido director conservador del Alcázar durante muchísimo tiempo, pues, supo entenderlo muy bien. Y además, en esta biografía puso muchísimo calor, puso muchísimo entusiasmo y ahí estuvo la base de esta pequeña charla que dí: en hacer una especie de parangón, partiendo de la base de que todo aquel que hace una biografía es porque siente una cierta simpatía por el biografiado, simpatía en su sentido psicológico más íntimo, es decir, una cierta afinidad. Afinidad puramente psicológica. Afinidad de muchas circunstancias vitales o históricas que han concurrido alrededor de su persona y la del personaje, que además está estudiando. Y desde este punto de vista, pues, fui comparando un poco la vida, la circunstancia, el entorno vital en que se movió Don Francisco de Bruma y Ahumada, y la vida, la circunstancia y el entorno vital en que se movía la de su biógrafo del siglo, de mil novecientos sesenta y tantos, que es cuando él escribió este trabajo que fue Premio Ciudad de Sevilla, por cierto.

—Creo que te lo van a publicar.

—Bueno, pues no sé, me han dicho que hay una cierta posibilidad de publicación. No sé si en el Archivo Hispalense o tal. En fin, de esto no estoy muy segura. Es posible que quitándole las circunstancialidades del momento, las cosas que hacen, a las palabras y citas y frases ... que hacen concesión a las circunstancias concretas de aquellas "Noches del Baratillo", pues, pudiera tener algo aprovechable. Sobre todo, quizás, un tratamiento un poco original, me han dicho, no?, de la personalidad de Romero Murube. Y, no sé, esto es una cosa que yo en realidad no estoy muy segura todavía.

—Y ¿las "Noches del Baratillo" son unas reuniones fundamentalmente literarias ?.

—Bueno, pues verás. Son muy curiosas. Son poéticas. Son una especie de tertulia poética. Pero son curiosas porque todo el que quiera puede decir allí una poesía, es decir, todo el que tiene algo que decir, tiene un mensaje que dar, y en este aspecto, pues, se oye poesía francamente de toda clase, no?, poesía que no trato de enjuiciar en su calidad literaria ni en su calidad poética, sino simplemente en el sentido humano que puede tener o en el sentido de mensaje. Ellos lo que hacen es dar cabida a todo el que se siente poeta y quiere decir algo o piensa que tiene algo que decir, sin después ponerse a analizar si lo que ha dicho es literariamente mejor o peor. En ese sentido, pues, hay como una gran ... . ¿Qué te diría yo?. Todo muy democrático. Hay una gran fusión, no?. Lo mismo lee una poesía un albañil, que la lee, pues, concretamente, el sobrino de Alberti que estaba allí aquella noche, o la lee pues, qué te digo, un chico que es estudiante en la universidad, que se dedica a un oficio manual, pero que siente, pues, que tiene algo que decir y que ese algo puede ponerlo en frases poéticas.

—Y ¿esas reuniones son semanales?.

—Normalmente son semanales. Se reúnen donde pueden. Pero pasa también que ellos organizan homenajes en torno a algunas figuras, y entonces, una entidad que quiera hacer un homenaje a una figura, se lo encarga a "Noches del Baratillo". Entonces "Noches del Baratillo", pues, procura buscar una especie de mantenedor y que los poetas que, habitualmente ... . Pues, hagan esa noche sus versos, que pueden hacerlo, porque se basa en la libertad de inspiración, pues, esto pueden hacerlo sobre la figura homenajeada. Como aquella noche ocurrió por ejemplo con Romero Murube. Los que le encargaron ese homenaje fue la Casa Hermandad de la Soledad de San Lorenzo, de la que era hermano Romero Murube. O sea, que ellos hacen estos homenajes muchas veces por encargo de entidades que se lo encomiendan a ellos.

—Bueno. Siempre que vengo te encuentro con algún libro distinto, ¿te gusta la lectura, o qué tipo de lectura prefieres ?.

—Bueno muchísimo. Tú sabes que desde pequeña leer, pues, en fin, ha sido mi afición favorita y algo más que una afición, casi un vicio. Pero lo que pasa es que cada vez la vida que vivimos es más apresurada y este sentido tan negativo de esta prisa que todos estamos desarrollando cada día, pues, no sé, nos quita tiempo para nuestras más profundas y auténticas aficiones, como ésta de la lectura. En cuanto a los libros que me gusta leer, tú sabes que a mí me gusta leer todo, siempre, en fin, que tenga algún interés y que literariamente merezca la pena. Me gusta la novela, me gusta el ensayo, me gustan los libros de política, de historia, de sociología, de todo. A mí también me gustan las revistas especializadas. Creo que hoy día no se puede, en fin, estar un poco ... . Llevar un poco el ritmo del mundo, más o menos, si no lees varias revistas especializadas. A mí me encantan. Por ejemplo, Indice, me gusta muchísimo. Que precisamente estoy ahora leyendo un artículo interesantísimo sobre los problemas universitarios, problemas de la universidad actual, un enfoque actual, positivo, una de las mejores cosas que yo he leído, y más originales, como te digo, y además más interesantes sobre tan traído y llevado tema de la problemática universitaria.

-Y ¿cuál es más o menos el nudo del artículo ese?.

-Pues, como te digo, lo tengo a medio leer. Precisamente cuando tú has venido estaba un poco haciendo sobremesa y estaba, pues, leyendo ese artículo. Pero ya te digo que lo tengo a medio leer. Pero, empieza diciendo que el movimiento de protesta universitaria no es, en fin, un movimiento más dentro de los que se están realizando dentro del mundo, sino que tienen ... . Es un poco autóctono. El de España empezó mucho antes que los de Berckeley y los de París. Lo que pasa es que estuvieron restringidos a las universidades como Madrid, Barcelona. Y por otro lado analiza que tampoco es un movimiento fuerte aunque sí es amplio. Es decir, tiene una cierta debilidad. Es decir, es amplio pero que no se puede echar, en fin, diciendo que es un movimiento de protesta, más o menos, que ... . En fin, simplemente analizando lo negativo. Efectivamente, que ve que hay elementos negativos entre los movimientos de protesta universitaria, pero ve también una parte muy positiva porque observa y estudia que es un inconformismo ético del estudiante universitario hacia la estética y la ética de la sociedad en la que se vive. Y la parte positiva de esto es que si llegara a desarrollarse este movimiento y esos criterios de inconformismo ético sería quizás la única posibilidad en nuestra sociedad de reformarse, de evolucionar de modo eficaz, en este sentido que tanta falta le hace. La parte negativa la ve, quizás, en que, precisamente, por la táctica que sigue, pues, están cosechando un amplio campo de hostilidad dentro de esta misma sociedad. Y también en que, por otra parte, pues, se está llevando a la incompetencia a muchos licenciados que están saliendo sin la preparación debida, por eso mismo. Pero, sin embargo, analiza después más profundamente, y en esta parte estoy de acuerdo, en ese sentido muy positivo de este movimiento de protesta que en el fondo debiéramos todos apoyar que es lo que viene a decir, debiéramos todos apoyar, pero haciendo que se modificase en su táctica, en su manera de comportarse, en su manera ... .

—O sea, los medios de llevar a cabo el fin, no?.

—Exactamente, los medios de llevar a cabo el fin. Y además, esto que tanto se dice, sí, no cabe duda que hay minorías politizadas, que en cierto modo pueden dirigir más o menos, pero esto lo valorizamos poco, y en el fondo es mucho más importante ese sentido, como te decía antes, y lo vuelvo a repetir, de inconformismo ético que siente el joven universitario dentro de la sociedad en que le ha tocado moverse. Y es la única manera, quizás, de modificar las estructuras tan férreas de esta sociedad, que ética y estéticamente, desde el punto de vista sociológico, pues no puede parecerle interesante al joven de hoy que aspira, pues, a una mayor sinceridad en muchas cosas.

ENCUESTA: C 3 V 1.

EDAD: 58 Años.

PROFESION: Profesor de Instituto.

—Primero tu nombre. ¿De dónde eres?.

—José Luis, licenciado en Filosofía y Letras. Natural de Sevilla, nacido en la calle María Auxiliadora, número diecinueve, hoy, antiguamente Arrabalera veintitres, y cuya casa hoy está a punto de desaparecer. De manera que cuando aparezca la nueva casa ya no habrá rastro de nuestro nacimiento. Digo nuestro porque también tu padre nació en la misma casa que yo.

—Bien, y entonces ¿tú estudiaste aquí, en Sevilla, también?.

—Yo estudié aquí, en la Facultad de Filosofía y Letras de Sevilla. Primeramente en el instituto San Isidoro, que entonces no se llamaba San Isidoro, porque no había más que un instituto. Era el Instituto Técnico de Sevilla, el único que existía. Y después ingresé en la universidad, en la Facultad de Filosofía y Letras. Me hubiera gustado entrar en la Facultad de Derecho, pero circunstancias de la vida me impidieron estudiar Derecho porque tenía necesidad de terminar la carrera lo más rápidamente posible. Ya que me dedicaba a dar clase, pues, tenía necesidad de conseguir rápidamente un medio para justificar mi actuación como profesor, profesor privado naturalmente. Y entonces ingresé en la Facultad de Filosofía y Letras, en el año 1.935. Inmediatamente, fui presidente de los Estudiantes Católicos de la Facultad de Letras y en el año treinta y seis, en enero, en virtud de una huelga que ocurrió en la universidad con motivo de la colocación de la bandera catalana en la universidad de Barcelona, hubo una huelga muy larga en Sevilla, y en toda España, y con este motivo presentó la dimisión el presidente de la Federación de Estudiantes Católicos, y de golpe y porrazo, estudiando casi todavía el primer año me encontré nada menos que con el problema de ser presidente de la Federación de Estudiantes Católicos de Sevilla. Para mí fue una gran sorpresa porque la Federación de Estudiantes Católicos de Sevilla en aquellas fechas había sido prestigiada por grandes, magníficos compañeros. Hoy son prestigios de la patria como son Federico Gamero y Ollero, Juan Antonio Ollero de la Rosa.

—Y entonces, ¿cómo era la universidad en aquella época?.

—Pues, mira, la universidad, y en lo que respecta sobre todo a la Facultad de Filosofía y Letras, pues, era más bien casi clases particulares, porque mi curso, que ingresamos sesenta alumnos, fue una verdadera revolución en la Facultad de Letras. Sesenta alumnos. Lo normal, cada curso tenía tres, cuatro, y en los primeros cursos, pues, llegaban hasta diez, no?, después de la criba de Don Francisco Murillo Herrera, pues ... .

—¿De qué era catedrático?.

—Catedrático de Arte, de la universidad de Sevilla. Pero en aquellas fechas, en primer curso eran todas las asignaturas incompatibles con segundo. La cátedra de Arte, quizás la más bonita, pero a su vez quizás la más difícil, verdad? ... . Y allí se quedaba todo el mundo estancado. De manera que a los otros cursos pasaban tres o cuatro. Y muchos terminaron, terminaban la carrera y no tenían aprobado el Arte, verdad?. Y terminaban la carrera en cierta manera, porque en realidad había dos asignaturas que eran las que imponían una rémora en la carrera, era el Latín, por una parte, y el Arte. El Arte no había más remedio que aprobarlo porque como era incompatible con todas las demás de segundo curso, pues, no había más remedio. Pero sin embargo en el Latín ocurría, pues, que en segundo año era donde se dejaba para la última de carrera y entonces, pues, en fin, aquello de: "no me falta más que ésta", "no me voy a dedicar a esto". Era una facultad solamente de Historia y ocurría eso de que ... .

−¿Nada más que había la especialidad de Historia?.

−Nada más que la especialidad de Historia. Desde luego aquella universidad de los años treinta y cinco y treinta y seis era verdaderamente maravillosa en el sentido del profesorado. Un profesorado maravillosamente preparado, muy entregado a su vocación, verdad?, y donde descollaban principalmente en Latín, Don José Vallejo. Y te digo esto de que descollaba principalmente y te hablo del Latín porque fue después mi especialidad, a pesar de yo haber estudiado aquí Historia, porque no había otra cosa que estudiar. Y estaba también Don Francisco Murillo Herrera que, indudablemente, consiguió que el Laboratorio de Arte de la universidad de Sevilla fuera un verdadero prestigio en toda España. Hasta el extremo de que la mayor parte de los catedráticos de Historia que hubo posteriormente en España, casi todos, procedían de la Facultad de Historia de Sevilla. Y casi te puedo decir que la mayoría ganaron la oposición por la parte histórica en relación con las artes. Es decir, aquí se preparaba el Arte como en ninguna parte de España, y Don Francisco Murillo había creado una verdadera escuela. Y aquí, como en cualquier tema de Historia, pues, salía después Cultura, Civilización, Arte, etcétera, cuando tocaba un tema de Arte nadie podía con los de Sevilla, y era seguro que sacaba cátedra.

−Bueno, eso con lo que respecta a los estudios. Después, cuando terminaste ya la carrera ¿qué hiciste?.

−Pues mira, cuando terminé la carrera ... . Yo hice una carrera un poco rara porque yo hice la carrera en dos años. El primer año, pues, aprobé primero menos Arte, menos Arte porque, no porque me suspendieran sino porque me marché del tribunal, porque los exámenes de Don Francisco Murillo Herrera eran verdaderamente el que producían en el alumno un "timor tremens" que dicen los moralista, no?, un miedo horroroso, verdad?, y yo había decidido no presentarme. Pero a mí me protegió mucho en la universidad, en aquella fecha, Don José Hernández Díaz, que entonces no era catedrático sino que era profesor. Y, claro, pues yo me debía un poco a la protección esta de Don José Hernández Díaz. Como por otro lado Don José Hernández Díaz era un colaborador muy constante y asiduo con la cátedra de Don Francisco Murillo, pues, él fue el que me metió en el tribunal, si no yo no me hubiera presentado. Y, claro, pues, vinieron las cinco diapositivas aquellas, un exámen tétrico, apagaron las luces, apareció en la pantalla para clasificar cinco diapositivas. Yo clasifiqué hasta cuatro y cuando vi que había acertado hasta cuatro, pues, creí que .... Creí quedar bien, verdad?. Como dato curioso te diré que en aquel año estalló la guerra, y yo, para poder preparar esa asignatura que servía de base a mi segundo año, que ya lo tenía aprobado, en el año treinta y seis, a falta de aprobar la llave que era el Arte, pues, le pedí a Don José Hernández Díaz que me prestara el Pijoam, porque yo estaba de profesor del Duque de Béjar y de sus hermanos actuales, y nos marchábamos a Valencia, y allí, pues, no tenía yo posibilidades ni de asistir a la universidad ni tampoco a una biblioteca. Entonces Don José me prestó la Historia del Arte de Pijoam que .... Claro, ni que decir tiene que cuando estalló la guerra, pues, nos cogieron presos, y yo paseé el Pijoam de Don José Hernández Díaz por todas las cárceles de España en las que yo estuve. Claro, naturalmente, verdad?, por todos los campos de concentración y después en las bases de instrucción donde terminé la guerra. Así que, que cuando terminé la carrera pues .... Cuando vine aquí me examiné de Arte con la circunstancia, verdaderamente prodigiosa, de que al terminar la guerra, que terminó en abril, como sabes, pues, me presenté aquí en la universidad de Sevilla a ver a Don Francisco Murillo, quien me recibió con los brazos abiertos. Y como dato curioso, me dijo él que llevaba tres años cobrando como profesor sin tener alumnos y que cuando le apareció el primer alumno, contra él o en favor suyo, iba a desquitarse de aquello. Efectivamente, me dió clase particular a mí hasta que me examiné. O sea, desde mayo, concretamente, hasta septiembre. Sin embargo, te digo, hicimos una amistad estrechísima, yo lo quiero muchísimo. Todos los días preparaba mis dos lecciones, que me preguntaba, me ponía diapositivas que yo clasificaba, y que yo ya no tenía nada que temer. Pero sin embargo, cuando llegó la hora del examen volví a sentir el "timor tremens" que sentíamos siempre. En fin, pero en aquella ocasión aprobé segundo. Y después, tercero y cuarto, pues, lo aprobé en los cursillos intensivos. De manera que por eso digo que hice la carrera en dos años prácticamente.

—Y, ¿cómo era aquello de los cursillos intensivos?.

—Pues, los cursillos intensivos fue que, claro, materialmente toda la juventud había estado en las armas y sufrió un retraso. Este retraso, pues, se manifestaba también en los cuadros de profesores y en los colegios, que tenían que organizarse nuevamente. Y he aquí que se decidió, por el estado, de que en todas las facultades, para compensar aquellos tres años que no había habido universidad, se tuvieran dos cursillos intensivos, uno que empezaba en octubre y terminaba en marzo, y otro que empezaba en marzo, a los quince días, y terminaba en julio. Yo terminé la carrera el día de la ... . Mejor dicho, del año cuarenta. El año treinta y nueve fue el año que terminaron la guerra. El año cuarenta. Y entonces, pues, me dediqué a dar clases. Claro, cuando yo tenía una práctica bastante frecuente de dar clases de todo esto. Y, además mi especialidad fue la de lenguas clásicas. Pues, inmediatamente me abrí campo en seguida. Empecé a dar clases en colegios particulares, y el año siguiente, pues, me encontré con el problema de que como se había creado Griego en el bachillerato, pues, y no había profesorado de Griego, yo empecé a dar clases de Griego, y estuve a punto de no hacer otra cosa en Sevilla más que Griego. Claro, a los dos años de dar Griego ya dije que no daba más, porque a mí lo que me interesaba era el Latín, en lo que yo tenía verdadera afición, y por lo tanto dejé lo de Griego para nuevas promociones que fueron viniendo, y yo me retiré a mis cuarteles de invierno latinos, no?. Y ya seguí. He estado dando clase en muchos sitios, verdad?. Y, después, pues, he ocupado cargos ajenos quizás a la vida puramente docente, pero todo en relación con la vida docente. Porque, claro, he sido veintidos años secretario del Colegio de Doctores y Licenciados, y además he sido diputado provincial, pero no por méritos políticos sino precisamente por mi profesión docente, porque fui nombrado diputado provincial, elegido, mejor dicho, por los centros culturales de Sevilla. Y, naturalmente, es decir todo esto que .... Toda mi vida ha girado alrededor del profesorado y de la docencia, verdad?. Actualmente, pues, soy director del Cortijo del Cuarto, hoy Instituto Laboral Cortijo de Cuarto, hoy se llama Colegio Nuestra Señora de Balme, de la Diputación de Sevilla, y doy clase, también como profesor de español, en la Ciudad Juvenil Francisco Franco, también de la Diputación Provincial de Sevilla. Además de las clases de las Esclavas Concepcionistas, donde llevo treinta años, y otros tantos en el Santo Angel.

—Bueno. Y otra cosa, tú eres director del Museo General de Cofradías de Sevilla. A mí me interesa que me hablaras de este aspecto de tu vida.

—Pues, mira, este aspecto de mi vida, si te refieres al puramente cofrade, pues, sí, eso lo he llevado dentro toda mi vida, verdad?, recogiendo una tradición familiar indudablemente, verdad?, pero que después tuve un gran maestro, en el aspecto cofrade, que fue Don Jerónimo Gil Álvarez. Don Jerónimo Gil Álvarez, a quien tú quizás no conocieras, murió en el año 1.955, fue un sacerdote sevillano y cofrade, verdad?. Sevillano y cofrade en toda la extensión de la palabra. Él no era de Sevilla, él era de Villamanrique, pero se había criado en Sevilla y casi podemos decir que se había criado en el Palacio Arzobispal. Este hombre, que pudo hacer una carrera,

muy conocedor del Derecho Canónico, verdad?, y era
sobrino de dos sacerdotes, canónigos también, de la
catedral de Sevilla, con cargos en el arzobispado,
que fueron Don Jerónimo Álvarez Troya y su hermano.
Uno de ellos era vicario general del arzobispado, y
el otro era vicario provisor del arzobispado. Y
cuando Don Jerónimo terminó la carrera estuvo casi
de secretario particular del cardenal Almaraz. Esto,
pues, lo hubiera llevado su vida. Pero sin embargo,
él, como sevillano, como sevillano, te digo, pues
eso, fue un gran cofrade y, incluso siendo
seminarista, quizás por las circunstancias que te he
dicho de sus tíos, pues, le autorizaban a salir como
nazareno de la Hermandad del Silencio. La Hermandad
del Silencio siempre tuvo mucha vinculación con
sacerdotes sevillanos, verdad?, hasta el extremo de
que la Hermandad del Silencio fue la creadora del,
quizás, el primer hospicio para sacerdotes que
después heredó los Venerables. Y entonces él tomó
gran amor a las cofradías y una de las cofradías que
más le había impresionado fue la Hermandad del
Calvario. La Hermandad del Calvario se había
reconstruído, digámoslo así, en aquellos tiempos, y
él ingresó en ella llevado de la mano de Sánchez
Bedoya y de Felipe Pachón también. Y entonces, pues,
le encantó el espíritu que reinaba en la hermandad,
pero en realidad, ese espíritu era más bien el
espíritu, podríamos decir material que formal,
verdad?. Porque él, con su carácter sacerdotal, veía
la cofradía en su espíritu profundo. Y, como te
decía yo, dándole valor a los sacrificios, a la
austeridad más completa, y hasta el extremo de que
hoy es la cofradía que se puede decir que desfila
mejor en ese sentido, con más sentido del sacrificio
y de la austerida. Y tanto quiso esta hermandad que
ocupó diversos cargos, entre ellos el tan difícil de
mayordomo. Él fue mayordomo del Calvario, y se
vestía de nazareno, pero él jamás fue en un sitio de
distinción aunque le correspondía por muchas
razones, entre ellas por su carácter sacerdotal,
sino que él tomó para sí el cargo de diputado mayor
de gobierno, y era el que verdaderamente imprimió
este espíritu a la cofradía del Calvario. Él fue mi
maestro. No fue maestro mío en el Seminario, sino
que fue maestro mío porque yo quise que lo fuera,

verdad?. Y él me dio clase particular muchas veces.
Yo preparé los grados académicos en el Seminario, y
los hice con él, y me preparó él, verdad?. Y, claro,
no digamos nada en el aspecto cofrade. Yo te puedo
decir que cómo sería mi amistad con él que ya
últimamente, que tenía una dolencia grave de las
piernas, que le impedía moverse, pues, yo he visto
la Semana Santa con él, en muchas facetas, incluso
tres años metidos en una berlina, en un coche de
caballos que llegaba, por autorización especial,
hasta la Plaza del Duque, y allí veíamos pasar las
cofradías. Y yo, un poco como cornetín de órdenes de
él, iba imponiendo órdenes en determinadas
cofradías, en donde él observaba ciertos defectillos
propios de las cofradías en aquella época, verdad?.
Él fue el alma de la primera Comisión de Cofradías,
que presidió él, y después, a su muerte, dió paso al
Consejo General de Cofradías. Claro, a su lado,
pues, aprendí muchísimo de cofradías, y esto me
llevó quizás al Pregón de la Semana Santa de Sevilla
que hice en el año 1.953. Y, como dato curioso, yo,
puedo decirme que soy quizás el hijo espiritual de
Don Jerónimo, más cercano, porque viví toda la vida
con él, porque cuando niño, aunque vivía yo en la
Puerta Carmona, pues, sin embargo, yo me pasaba el
día entero en los Venerables, arreglando la
biblioteca, etcétera. Después, ya de mayor, que
vivía en el Barrio de Santa Cruz, precisamente en la
calle de la Pimienta, pues, me pasaba días enteros
en los Venerables con él. Ni que decir tiene que los
domingos de sus últimos años de vida los pasaba
íntegros, le ayudaba la misa por la mañana. Yo le
ayudé todas las misas que dijo en los tres últimos
años de su vida y por lo tanto era un aprendizaje
continuo. Sin embargo, lo digo, él no tuvo la suerte
de poder presidir, como presidente de la Comisión de
Cofradías, el pregón de la Semana Santa. Ya estaba
imposibilitado de salir a la calle, y se tuvo que
limitar a oirlo por radio, verdad?. Se emocionó,
como es lógico, aunque lo conocía de antemano,
porque yo no escribía una palabra sin que antes
hubiera llevado el visto bueno suyo. Pero, en fin,
este fue un sacrificio que él ofreció, porque
quizás, él que tanto disfrutaba con el pregón, como
le veíamos los cofrades con aquella sonrisa, cuando

el pregón se desarrollaba por los senderos que había
de llevar, verdad?, cómo hubiera gozado con mi
propio pregón. Sin embargo, Dios no le concedió esa
dicha, aunque vivió dos años más, a los que tampoco
pudo asistir, como es natural, verdad?.

ENCUESTA: C 3 V 2.

EDAD: 48 Años.

PROFESION: Profesor de E.T.S. de Arquitectura.

—¿Qué piensas de Sevilla?.

—Sevilla forma, en realidad, un complejo de
civilización y de culturas, por lo tanto de bellas
artes, que ha sido un crisol, en realidad, en esta
región de Andalucía donde se han fundido tantos
estilos y donde se han fundido tantas razas y
civilizaciones. Como producto y consecuencia de esta
unión, de esta fusión de razas y estilos, se ha
creado un conglomerado de ciudad con unas
características propias, una fisonomía particular,
que la hace completamente diferente de otras
ciudades de España, y que nos hace remontarnos algo
a otras ciudades europeas como, por ejemplo,
Florencia o como, por ejemplo, Brujas. Ciudad con
carácter propio, con perfil especial y específico
muy diferente a todas las ciudades de nuestra
patria. Me gusta Sevilla, sí, por qué negarlo. A
todo hijo le gusta su madre, aunque la vea con
defectos, aunque la vea vieja y achacosa pero, para
el sevillano medio, Sevilla es siempre bonita y es
universal, aunque no deja de reconocer sus defectos.

—¿Qué es lo que más te gusta de Sevilla?.

—Lo que más me gusta de Sevilla es el barrio de
San Bartolomé. "¿Sí?", dirán algunos. El barrio de
San bartolomé está olvidado, está en ruinas, está
poco menos que desahuciado. Sus casas, sus vecinos
se han marchado, pero lo que se conserva, lo que
existe del barrio de San Bartolomé, tiene un encanto
primitivo, una fusión de lo morisco, de lo mudéjar,
de lo cristiano, que merece, la verdad, conservación

y merece un estudio profundo. Ya se ha intentado en varias ocasiones hacer restauraciones de barrios sevillanos como ocurrió con el barrio de Santa Cruz, para mí un pastiche aunque se presente al pueblo y al turismo como modelo de barrio sevillano. Sin embargo se hicieron muchas barbaridades en el barrio de Santa Cruz en la época anterior a la Exposición Iberoamericana para presentarlo como barrio tipo de Sevilla o típico de Sevilla. También se hicieron barbaridades en el barrio de Triana. Universalmente, por la canción, por la música, dio la vuelta al mundo, y después el que viene se encuentra con el chasco de que Triana no es Triana.

-Y, de la Semana Santa, ¿qué nos puedes decir?.

-En cuanto a la Semana Santa, fiesta típica que debiera ser representativa y lo es, de la Sevilla antigua, pues, también conserva en parte, y creo que sobre todo en las cofradías de madrugada, lo que fue la Semana Santa primitiva. Ahí se ha conservado todo su tipismo exterior. Pero las populares, las de barrios, las cofradías de barrio tienen defectos, si bien ha enraigado, arraigado en el barrio, pero el defecto que yo veo es que no se han volcado hacia lo que pide el Concilio Vaticano II, es decir, hacia una colaboración, también de tipo apostólico, por la parroquia y con el barrio. Quizás algunas excepciones hay, no digamos cuales, pero hay algunas hermandades que tienen sus escuelas parroquiales, sus comedores, sus asistencias sociales, sus becas en el Seminario, y éstas sí se están poniendo al día. Estas puestas al día exige mucho, exige un cambio de mentalidad, pero hay personas mayores, ya de sesenta años, muy difícil de cambiarle, por no decir imposible, cambiarle sus sentimientos y su deseo, y sobre todo su ideal de cofradía. Por lo tanto, considero que es a la juventud a la que toca dar a estas cofradías de barrio un sentido más popular y también enraizarse en las verdaderas raices del pueblo sevillano a través de una serie de obras apostólicas.

-¿Cómo le parece que se deben ver las cofradías?.

—Para ver las cofradías yo no recomiendo de ninguna manera, en mi modestia, los palcos de la plaza de San Francisco, ni la calle Sierpes. Aquello no es ver la Semana Santa de Sevilla. Un buen amigo, compañero de estudios, el padre Ramón Cué, nos decía que la Semana Santa había que verla en las esquinas, en las calles, en los barrios. Así le acompañamos y así vimos aquella Sevilla que él dio a la estampa de su maravilloso libro "Cómo llora Sevilla". Efectivamente, Sevilla está más representada en los ángulos, y las cofradías se ven mejor entre la gitanilla de un balcón, entre los geranios que asoman a una ventana, entre la mano de la niña aquella del barrio de Santa Cruz, el barrio de la Feria, que tocaba los varales de la Virgen porque estaba enferma y quería estar buena.

—¿Cuál es el Cristo que más le gusta?.

—El Cristo que más me gusta. Como es natural cada sevillano tiene su Cristo, tiene su cofradía, verdad?, que es el Cristo de la Conversión del Buen Ladrón y la Virgen de Moserrat. Pero sin embargo no dejo de reconocer que la imagen típica del momento clásico sevillano es Jesús de la Pasión, es el lirio, que lo compara ... . El padre Cué lo compara con el lirio, y el Gran Poder, que lo compara con el cardo. En cuanto a la Virgen, todos, creo, que estamos de acuerdo. La más representativa de Sevilla es la Macarena.

—¿Podría contarnos alguna anédota referente a todo esto?.

—En cuanto a anécdotas curiosas que hayan sucedido, recuerdo un año que veníamos delante de la Macarena con el padre Ramón Cué, con otro poeta sevillano, Julio Martínez de Velasco, que escribe hoy los Marginales de ABC, con otro escritor sevillano, compañero de estudios, Manuel Ferrand, Premio Planeta, Premio Elisenda de Moncada. Y veníamos corriendo porque estaba lloviendo y teníamos que darnos prisa para llegar a la Catedral. Entonces, íbamos delante del paso de la Virgen. La Virgen iba bastante ligera y el pueblo, lloviendo a mares, empapado, pues, estaba contemplando a la Macarena. Y lo único que íbamos nosotros observando era la reacción de los niños, de las personas mayores, los jóvenes. Y entonces uno de ellos escribió, "en todos los ojos va impresa la Macarena, en los ojos de la niña, en los ojos de la enferma". En todos los ojos que íbamos viendo iba impresa la Macarena. Fue de las cosas que más impresión me hizo, porque yo no miraba ni la boca ni las manos, si aplaudían, porque muchos aplaudían, otros lloraban, sino lo que todos mirábamos era la forma de mirar a la Macarena de todo este pueblo sevillano.

   —¿Qué es un capillita?.

   —Un capillita es un indivíduo ... . Capillita es el hombre sevillano que no le gusta tampoco que le digan capillita, sino que le gusta ahora que le llamen cofrade. El capillita parece más bien femenino, de hombre afincado a una serie de costumbres y de cosas que ya están desarraigadas de las cofradías y es el hombre que vive todo el año pensando en su cofradía, que se encierra allí a tomar su pescado frito con su vino tinto por la noche y que incluso monta el paso. Yo lo he visto colocar todas las cosas, hasta las alhajas a algunos de ellos y la cera, y funde la cera y prepara la ropa, prepara los utensilios, los incensarios, prepara todo. Pero, además, es el hombre que se sacrifica, no cabe duda de que se sacrifica económicamente. Algunos de ellos incluso han puesto a la familia a punto de ruina por invertir demasiada cantidad en su cofradía predilecta. Este hombre es el que organiza rifas y organiza la manera de sacar dinero para llevar adelante todos los proyectos de su hermandad.

   —Hablemos ahora de la Feria.

   —Hablemos ahora de la Feria de Sevilla. Yo era de joven un enemigo de la Feria de Sevilla. Es más, para mí, fundamentalmente, la Semana Santa era lo que más me llenaba y lo que más me entusiasmaba. Yo perdía de siete a ocho kilos todas las Semanas

216

Santas en correr y ver todas las entradas y todas las salidas. Ahora sucede lo contrario. Yo llego a la madurez y en esta madurez, pues, mi mujer me anima a la Feria. Y en cambio, la Semana Santa, ahora, son mis hijos los que corren y los que buscan los rincones y los que buscan lo que yo buscaba entonces. Y quizás la Feria porque, no sé, yo creo, entiendo, de que la persona ya madura la comprende mejor que el joven; va con otras miras y eso. Pero yo he cambiado. Francamente lo tengo que decir y reconozco que yo disfruto en la Feria mucho más que yo disfrutaba entonces en la Semana Santa. Claro, también los tiempos han cambiado, la Iglesia ha cambiado, nos ha hecho ver un cristianismo totalmente distinto al que veíamos antes. Y antes creíamos que todo se reducía a una oración a Dios y un culto a Dios, y que al prójimo había que darle contra la esquina, que darle un golpe contra la esquina. Y entonces esta, precisamente, postura que yo vi de la Iglesia me hizo irme hacia el otro lado. Yo creo que la Feria es una cosa de confraternización de clases sociales, de que se le ofrece una copa de vino, pues, a un hombre que llega allí, que no lo conoces de nada, hasta a un aristócrata que tienes a tu lado y que a lo mejor sale bailando sevillanas con tu mujer o con una parienta tuya. En ese aspecto creo que es una democratización la Feria de Sevilla. Que damos muy poco mérito y que creo que si se propagara por el mundo muchas Ferias de Sevilla, pues, muchos problemas se podrían solucionar.

—¿A que hora es más bonita la Feria?.

—¿A qué hora es más bonita la feria de Sevilla?. Pues, particularmente no tengo hora. Yo he escrito de la Feria de Sevilla por la mañana, al mediodía. Por la tarde tiene sus horas, como dicen los Hermanos Cuevas, "el vuelo de las horas en la Feria de Sevilla". Pero, particularmente, me parece el Paseo de Carruajes, como cosa colorista y folklórica, el momento más bonito, llamemosle así. Ahora, el momento más social, que íbamos hablando antes, me parece el de noche. Y no de primera hora de la noche, sino ya a las dos de la madrugada, con unas copitas, sin llegar a la borrachera, pero con unas copitas, ya alegre, cuando ya el alma se viene a fuera del cuerpo, y donde verdaderamente se siente una alegría contagiosa, y donde se olvidan tantos problemas como tenemos en la vida, y donde todos somos iguales.

—¿Cree usted que ha cambiado mucho la Feria?.

—Yo creo, en realidad, que las fiestas de Sevilla van evolucionando. Quizás la que más ha evolucionado ha sido la Feria. Aquella Feria de la República que yo recuerdo, hasta la Feria de hoy, pues, varía. Era una Feria quizás politizada, verdad?, y donde la gente ... . No había la alegría quizás que vemos ahora sino que había unas clases sociales y tenían sus casetas. Porque también eso es un problema que había que abordar en la Feria actual, esa diferencia de las casetas, unas más ricas y otras más pobres. Pero lo que ha evolucionado en el espíritu de la Feria de Sevilla ha sido el cante, la canción. O sea, antes se cantaba, pues, sevillanas rocieras y se bailaban bailes modernos y ahora poco a poco ... . Antes se bailaban sevillanas corraleras y ahora se bailan sevillanas rocieras. Y ésta es la evolución que yo veo en la Feria de Sevilla en cuanto al baile. En cuanto al atuendo, si antes iban las señoras con mantones de manila que ahora veo pocas, pues, tampoco le quita, o sea, tampoco le quita mérito a la Feria sino simplemente es el compás, el signo de los tiempos. Y antes era cómodo, y a la gente le gustaba el mantón de manila, y ahora, pues, se lleva menos, muchísimo menos. En cambio la Semana Santa no ha variado en su exterior. En el interior sí. Porque ya decía antes de que hay algunas cofradías que se han puesto al compás de los tiempos, al compás del Concilio Vaticano II, y han hecho grandes reformas de sus reglas, se están adaptando a las consignas de la Iglesia.

—¿Usted sabe cuawl es el origen de la Semana Santa de Sevilla?.

—El viacrucis de la Casa de Pilatos, que comenzó en el año 1.519 por el Marqués de Tarifa, cuando vino de Jerusalén de la primera peregrinación que hizo España después de las Cruzadas. Este viacrucis había sido el comienzo de la Semana Santa. Y entonces, cuando yo llegué a la Casa de Pilatos se me ocurrió ofrecerle al duque la posibilidad de restaurarlo, incluso reponiendo las cruces. En vez de poner cruces de madera pusimos azulejos para que la cosa fuera más perpétua, y se lo pedimos al entonces administrador apostólico, arzobispo, entonces arzobispo, Bueno Monreal, y no dudó en aceptar la cosa, puesto que ya se le había propuesto al cardenal Segura y nos lo había negado. Nos había dicho que para eso existía un viacrucis en el Cerro de los Sagrados Corazones. Empezó el viacrucis con una entrada de todas las cofradías, puesto que todas las cofradías se disputaron el colocar las estaciones cada una con su imagen titular. Y nos costó trabajo, al principio, el movilizar esto pero Sevilla se volcó completamente. Tanto se volcó que el primer día llegó a calcularse veinticinco mil personas las que asistieron al viacrucis, era una verdadera riada humana desde aquí, desde la Casa de Pilatos, hasta la Cruz del Campo.

—¿Por qué le llaman la Casa de Pilatos?.

—La Casa de Pilatos se llama así precisamente por haber sido la primera estación en el siglo XVI del viacrucis, donde a Jesucristo lo sentenciaron a muerte en la Casa de Pilatos. El pueblo que no sabe de Casa del Duque de Alcalá, ni casa del Marqués de Tarifa, ni del Duque de Medinaceli, empezó a llamar a esta casa la Casa de Pilatos por aquello de que todos los años subía un sacerdote o un obispo al balcón principal y decía "aquí se conmemora cuando a Jesucristo lo sentenciaron en la Casa de Pilatos". Algo parecido a lo que ocurre con el Hospital del Pozo Santo, que se llama el Hospital del Santísimo Cristo de los Dolores, o como ocurría con el Hospital de la Sangre, que era el Hospital de las Cinco Llagas de Nuestro Señor Jesucristo. El sevillano es muy dado a contraer los nombres largos y simplificar las palabras, ésa es la verdad. Y al comerse las palabras, vulgarmente dicho, pues dejó la cosa en la Casa de Pilatos, simplemente.

-¿Qué es lo que queda del tipismo sevillano?.

-El tipismo sevillano tal como lo entendían a final de siglo, se ha perdido. Se han perdido, prácticamente, las Cruces de Mayo. Ya lo dice la copla, la canción moderna, de que se perdieron, se perdieron romerías y se perdieron bailes. Y aunque Educación y Descanso y los Coros y Danzas de Educación y Descanso y de Sección Femenina han conservado algunos de ellos, la mayoría se han ido perdiendo. Un libro muy inteligente es este de los romances de Santamaría, que recoge una serie de tradiciones sevillanas de bailes y de romerías que ya actualmente no existen. Pero, claro, aquel tipismo quizás ahora mismo, pues, estaría un poco fuera de tono. Primero las romerías, el mismo viacrucis éste del que estabamos hablando que se restauró en 1.957, puesto que se suspendió en la época de Isabel II, o sea, anterior a la primera república. Pues, ocurrió que la romería se convirtió en fiesta folklórica. Entonces iban a hacer el viacrucis, iban con pitos y con globos y con dulces y con caramelos y bailaban en vez de rezar. Eso, como ocurría en tantas romerías de Sevilla, de la provincia de Sevilla, para honrar muchas de ellas. El tipismo sevillano es una cosa que hay que cuidar mucho, y separar lo que es paja de lo que es trigo. Y esto no siempre se ha sabido hacer. Ha habido ocasiones que se han quitado cosas que se podían haber conservado, y sin embargo se han conservado cosas que se debían haber quitado.

-¿Qué cree usted que es más importante de conocer, en Sevilla?.

-Para conocer a Sevilla yo le enseñaría .... . Lo primero que le enseñaría, ya a principios lo decía, es el barrio de San Bartolomé, que queda como una cosa antigua. Como esta parte de San Esteban, esta calle de Santiago que tenemos en frente, esta zona de aquí que también perteneció a San Bartolomé y hoy es de San esteban. Todavía hay callejas y casas en su primitivo estado. Concretamente donde yo vivo, donde existió una mezquita, la Mezquita del Coral, que recientemente se ha descubierto. Y tantas cosa

como hay ocultas por ahí que ya se irán poco a poco
descubriendo. Sin embargo creo que el sitio más
importante de la ciudad es la Unión del Foro, es
decir, la parte de la calle Abades y la calle Aire,
la calle Bamberg, donde está el templo romano que
ahora se trata de excavar, y donde verdaderamente
aparecerá toda la ciudad acrópolis, la ciudad
romana, que es, a mi entender, la parte más
interesante. Ahora, como belleza de la ciudad, pues,
lo primero que hay que visitar son los Reales
Alcázares. Y distinguir lo que es árabe de lo que es
mudéjar. Porque corrientemente creemos que lo
mudéjar es el siglo XVI, y el mudéjar empieza ya en
el siglo XIV en Sevilla, con una Montería. La
Catedral es otro capítulo interesante en la historia
artística de Sevilla. Pero fundamentalmente yo le
recomendaría, a la persona que visite la Catedral,
que primero diera un paseo por las bóvedas. Ver
Sevilla desde las bóvedas de la Catedral, de la
parte alta. Cosa que está prohibido porque no dejan
subir, pero que es muy interesante porque se ve una
Sevilla inédita entre arcos aglomerantes y pináculos
sorprendentes.

ENCUESTA: C 3 V 3.

EDAD: 86 Años.

PROFESION: Canonigo de la Catedral.

—Le iba a hacer una pregunta sobre usted y la vida sevillana. ¿Usted ha vivido siempre en Sevilla?.

—Soy sevillano y, aunque he viajado mucho, pero siempre mi residencia ordinaria ha sido Sevilla. De modo que treinta y seis años de vida sevillana. Hijo de sevillanos y nieto de sevillanos.

—O sea, que es usted el informante ideal para esta encuesta. Aspectos de su vida relacionados con Sevilla. Un poco de historia.

—Bueno. Mi vida, por circunstancias especiales, ha estado muy muy unida a la vida sevillana, porque, en primer lugar, hice mis primeros estudios de grado de bachiller, y luego, después, la carrera eclesiástica en el Seminario de Sevilla. Bueno, pero ya, luego, después, empecé a tratar a muchos, a muchos sevillanos de la ciudad o de sus alrededores, puesto que fui nombrado, el día siguiente de cantar misa, catedrático del Seminario y catedrático de cinco asignaturas. De modo que han pasado diariamente por mis manos muchos, muchos sevillanos. Y por consiguiente, en una totalidad de treinta años o treinta cursos, diferentes asignaturas, como he dicho, de cinco asignaturas, pasando por mis manos, pues, todo el clero sevillano, desde los treinta años. Desde el año diez hasta el año cuarenta no he cesado de ser profesor. Luego, después, aún sin dejar de ser catedrático del Seminario, profesor del Seminario, quiso mi prelado, el Cardenal Ilundain, que fuese yo también profesor de religión en la Escuela, casi acabada de formar o de perfeccionar, de Peritos Industriales, en donde tenía también cinco cursos diarios, desde el año treinta y seis hasta el año setenta. Y también han pasado por mis manos, calcule usted, cuántos y cuántos centenares de chicos formados por mí en cuestión religiosa. De manera que he sido un sevillano muy inmerso en la vida de la ciudad y tratando a mucha gente, y gente de todos los estamentos, gente de todos los estados, puesto que, en medio de esta docencia mía de Seminario y de Escuela de Peritos Industriales, quiso la Providencia llamarme a ser profesor y preceptor del príncipe don Carlos de Borbón y Orleans, hijo del infante don Carlos, capitan general de Andalucía, que entre todos los sacerdotes sevillanos, no sé por qué, por una designación de la Providencia, me escogió a mí para que fuese preceptor y profesor de su hijo. De manera que no solamente de gente más modesta como son la gente de la Escuela de Peritos Industriales, en general, los seminaristas, sino también de esta altura de formación y de educación como es la familia real, con los cuales he convivido desde el año veintiuno, en que empecé a ser profesor y preceptor del príncipe, hasta que ya se ausentaron de Sevilla.

-¿Qué cosas de la historia de Sevilla relacionadas con la religión o con su ministerio recuerda en particular?.

-Hay muchas, hay muchísimo, muchísimo, porque han pasado por mi mano tantas cosas que por estar inmerso en esta vida social, en esta vida de Sevilla, y haberme hecho hermano de muchas cofradías que me buscaron, no buscadas por mí, sino que me buscaron ellos, para que fuese su director espiritual y su formador .... Pues, casi toda la vida de las cofradías, de muchísimas cofradías, han pasado por mis manos. Tuve ocasión, por esta designación también de mis superiores, para reformar o arreglar unas cofradías que andaban un poco desordenadas, cofradías de cabo de barrio. Una de ellas la cofradía de la Esperanza Macarena. Allí traté, y traté últimamente durante muchos años, a José Gómez Ortega, Joselito, el cual de tal mamera quedó hecho amigo mío íntimo, mucho, tan relacionado que, cuando iba yo como director espiritual de aquella hermandad todas las noches durante mucho tiempo, durante seis años por lo menos, a la Virgen de la Esperanza que estaba entonces en la parroquia de San Gil, en su camarín antiguo ... . Pues, debajo del camarín había una salita pequeña donde íbamos los que formábamos casi la junta de gobierno de la cofradía. José, de tal manera muy devoto de la Virgen Macarena y muy aficionado a lo que yo hablaba, a lo que yo trataba, a lo que yo hacía, pues, iba casi todas las noches, de tal manera que decía "cuando no estoy toreando, que me busquen por la noche en el camarín de la Virgen de la Esperanza, allí estoy con don Sebastián". Y allí estaba, efectivamente.

—Y, relacionado con los prelados que ha conocido usted aquí ... .

—Muchos, muchos muchos, por una sencillísima razón de que los seminaristas tienen que ser internos en el Seminario, y vivir internos en el Seminario, y a mí me costaba mucho trabajo separarme de mi casa porque no había en ella más varón que yo. Mis hermanas eran las tres mujeres y, por consiguiente, tener que abandonar mi casa por completo en manos de mi madre y de mis hermanas me era muy horroroso. Pero el Señor quiso atenderme en esta aflicción mía porque al exponerle yo a mi prelado la dificultad que tenía en separarme de mi casa y desatenderla por vivir interno en el Seminario, él me inspiró que si alguna comunidad religiosa me quería recibir como si fuera miembro de ella y tenerme como religioso, que entonces me dispensaba de la permanencia en el Seminario. Yo estaba muy formado por los jesuitas, ya que había sido prefecto de la Congregación de los Estanislaos en la iglesia del Corazón de Jesús. Expuse al padre superior de la residencia mi demanda, el cual accedió inmediatamente a recibirme en la residencia como si fuera un jesuita. Y viví durante siete años con los padres, dándome eso la facultad de poder asistir todos los días a mi casa, de poder ir frecuentemente sin necesidad de pedir permiso como hubiera sido preciso si hubiera vivido en el Seminario. De modo que fue una providencia de

Dios el que yo pudiese convivir con los jesuitas, por el bien que recibí de ellos, de formación, de instrucción, de educación, todo ello. Y además, poder asistir a mi casa continuamente, diariamente, para ver a mi familia.

—Y, los nombres de los prelados ... .

—De los prelados. Empecé por tratar mucho, diariamente, a don Marcelo Spínola y Maestre, arzobispo santo de Sevilla Él era cual muy amigo del superior de la residencia, reverendo padre Francisco de Paula Tarín. Los dos tienen ya instruídos el proceso de beatificación, don Marcelo y el padre Tarín. Pues, me enviaba contínuamente, el padre Tarín, con cartas, con encargos, para el señor arzobispo, el cual me recibía benignísimamente, cariñosamente, y me devolvía cartas para el padre Tarín. De modo que casi a diario traté yo al padre Tarín. A ése por convivir con él en la residencia, superior de la residencia, y al venerable y santo cardenal Spínola, que me devolvía cartas y mensajes para el padre Tarín. Después, puedo decir que el cardenal Ilundain me distinguió con su cariñosa protección y amistad, concediéndome cuanto para el bien espiritual mío y provecho del Seminario yo le pedía. De modo que traté muy contínuamente al cardenal Ilundain, prelado verdaderamente singular. Antes había tratado a don Enrique Almaraz y Santos, que me ordenó y que me llamaba él la primicia de su ordenación en Sevilla. Fue el primer diácono que ordenó cuando tomó posesión de la diócesis.

—¿Y relacionado con la vida cultural de Sevilla?, que usted también está muy metido?.

—Pues, pues voy a decirle. Pues mire ... .

—Es usted miembro de dos academias.

—¿De dos?. De veinticinco. Fui de los más jóvenes académicos que un director de la academia, don Manuel ... . ¿Cómo se llama ...?. Don Manuel ... . Está aquí encima el retrato.

—Sí, bueno.

—No, no, el apellido quiero decirlo. Don Manuel ... don Manuel ... . ¿Cómo es el apellido de este hombre?. Era muy amigo particular mío, tuvo la bondad de presentarme a la academia, siendo yo muy joven, en el año 1.916, y desde entonces hasta el presente, que ya son años, pues no he dejado de insistir en la vida de la academia, acudir a todos sus actos y, últimamente, los compañeros han sido tan buenos conmigo que me han elegido repetidas veces, en repetidas elecciones, académico subdirector, y lo soy desde el año cincuenta y uno. En cuantas elecciones ha habido, otras tantas veces me han reelegido.

Gómez Simas, era el señor, se llamaba don Manuel Gomez Simas el que había sido director de la academia benemérita.

—¿Y su relación con la academia, con la vida cultural de Sevilla?.

—Pues ya puede usted calcular, no he dejado de asistir a ningún acto de la academia, y desde el año dieciséis hasta el presente, puedo decirlo, mi vida es casi consustancial con la Academia de Buenas Letras. Por esto que todos los académicos, casi todos ellos, o todos ellos, porque soy el más antiguo, el número uno, han entrado en la academia en mi tiempo. Todos han pasado por mis manos y todos me siguen distinguiéndome con su cariño, con su amistad singular, muy digna de encomio.

—¿Y qué período de la Academia de Buenas Letras recuera con más importancia?.

—He conocido a directores excelentísimos, he conocido a don José Bofes Lledó, excelente director, que me recibió en la academia. Y después, he conocido, también en la vida de la academia, a don Jerónimo Armario Rosado, a don José Mariano Mota Salado, a quien sucedí, y a académicos beneméritos. Puedo decir, esto sí lo digo, no en alabanza mía, que no lo merece, pero sí en manifestación de mis

trabajos por la academia, que nunca en los dos
largos siglos de vida de la academia ha celebrado la
academia tantas y tantas sesiones sin dejar de
celebrar ninguna por falta de asistencia de los
académicos, como en este largo período de mi vida
académica. Y, sobre todo, en el tiempo de mi
dirección, la academia ha tenido, y sigue
disfrutando, gracias a Dios, de una vida próspera,
una vida admirable, asistiendo puntualmente y
correspondiendo los académicos a las situaciones que
se les hace.

—¿Y de los viajes que ha hecho usted?.

—Pues, mire usted, los viajes son muy sencillos.
Al ser preceptor y profesor del príncipe don Carlos,
los señores, en el verano, dedicaban las vacaciones
a recorrer paises distintos, y aprovechándome de esa
benignidad de ellos, de llevarme consigo como si
fuese uno de la familia, he recorrido con los
infantes toda España, toda Francia, toda Italia,
toda Austria, toda Alemania, Yugoeslavia ...
Yugoeslavia ... . ¿Qué más, qué más, qué más he
visto?. De modo que he recorrido muchísimo, visitado
todo minuciosamente. Porque muy amantes ellos de las
artes, no se contentaban con un paso por las
ciudades, sino que visitábamos monumentos, iglesias,
museos. De modo que eso me ha aprovechado muchísimo,
esa convivencia con los infantes de España me ha
aprovechado muchísimo para poder hacer todas estas
visitas. Austria, por ejemplo, Suiza, por ejemplo,
todo eso. Todo lo he visitado minuciosamente.

—Y actualmente ¿tiene alguna relación todavía con
la familia real?.

—La conservo, tan tan la conservo que me
consideran ellos, por su benignidad, como si fuese
miembro de ellos. De manera que contínuamente trato
con ellos, les escribo, los veo. Precisamente ayer
estuvimos en el Hotel de Inglaterra. Era un homenaje
que le tributaron los dueños del Hotel de Inglaterra
a la hija de los príncipes, doña Esperanza y don
Pedro, que van a contraer matrimonio. Y le hicieron
un precioso homenaje, precioso regalo, el cual los

señores hoteleros, directores del Hotel Inglaterra, me invitaron de manera especial, considerando que les faltaba algo a la familia real si le faltaba yo. Que tanto me habían visto allí con ellos contínuamente en el tiempo que vivieron los infantes y los príncipes en el Hotel de Inglaterra. De modo que yo puedo decir eso de ellos, que me consideran y me distinguen como si fuese miembro de la familia.

−¿Y relacionado con las bellas artes?.

−Soy también académico de Bellas Artes, porque al poco tiempo de ingresar en la Academia de Buenas Letras, en el año siguiente, año 1.917, me condecoró con la plaza de académico numerario, que había ocupado dignísimamente el insigne hombre de las artes de Sevilla don José Gestoso y Pérez, cuya medalla ostento, cuya medalla llevo con un santo orgullo, con legítimo orgullo, por haber heredado esa medalla de aquel hombre tan insigne, que tanto hizo por las artes en Sevilla. También asisto por completo a las sesiones de la Academia de Bellas Artes, de la cual soy consiliario segundo.

−¿No le parece a usted que estamos asistiendo ahora a un dar mayor importancia a las artes en Sevilla?.

−Entendamos. ¿Qué quiere usted decir con la palabra renovación?. Cuidar, cultivar las artes, principalmente las artes antiguas, las artes clásicas, se hace perfectamente por los que llevan hoy la dirección de la nave de las artes de España. De manera que gracias a la intervención del Director General de Bellas Artes, don Florentino Pérez Embid, y al delegado en Sevilla, director de este museo, don José Benjumea, pues, mucho se va progresando. Ahora, no quiere esto decir que las artes hayan progresado o que progresen por esto. Se cultivan, se cuidan, se miman los objetos artísticos antiguos, los monumentos, con una minuciosidad, con un cuidado, con un esmero que merece toda clase de elogios, toda clase de encomio. El que progresen las artes eso es cosa distinta. Precisamente hemos asistido hace dos noches a una conferencia de don

Manuel Ferrand, en el salón de actos de la Hermandad de Santa Cruz, en donde ha hablado, muy bien, muy claramente, del arte, y en donde se le han hecho preguntas que él ha sabido contestar, quizás alguna vez con evasivas, ya que las preguntas eran intencionadas, eran difíciles de responder de plano. Le preguntaban por esto mismo que ha preguntado usted, por este progreso de las artes. Y al que le preguntaba le decía que si todo lo que se ha expuesto, si todo lo que se ve en exposiciones merece el hombre de arte, o es más bien una evasión. Ciertamente. Estoy por completo de acuerdo con Ferrand. Y estoy de acuerdo por completo con los que de alguna manera intentan llamar arte a lo que no es más que una confesión de impotencia. El arte siempre será el arte que se somete a reglas, el arte que se somete a normas. Recordábamos la definición del arte: "se llaman cosas artísticas aquellas que vistas, que consideradas, agradan". Y, ciertamente, no todo lo que se mira hoy con el nombre de cosa artística agrada y puede agradar a quien tenga sus facultades mentales en su sitio y a quien tenga rectas normas de la belleza. La belleza es el esplendor del orden y cuando falta este esplendor de orden, es una cosa desordenada y liosa y confusa. No puede llamarse aquello arte. Ninguno que ve un cuadro de Velazquez, ninguno que ve un cuadro de Murillo, ninguno que ve un cuadro de Rembrandt, ninguno que ve un cuadro de cualquier artista digno de este nombre, necesita interpretación. El que mira ahora los chanfarrinones y las cosas que nos presentan en algunas exposiciones, mal llamadas exposiciones ... . No diremos que eso es esplendor de orden, no diremos que eso es exposición de belleza, diremos que es cualquier cosa, pero no es bello.

—Y en literatura, ¿pasa algo parecido?.

—No, en literatura no, gracias a Dios. Aunque se escribe mucho, y no todo lo que se escribe y se publica es digno de alabanza, pero, en fin, la literatura está mucho mejor, mucho mejor. Hay literatos insignes, muy dignos de ser escuchados, muy dignos de ser leídos, muy dignos de ser copiados.

—¿Usted cree que tiene algún contenido la denominación de Narrativa Andaluza?.

—Se está abusando de esa narrativa, pues todos los novelistas y todos los que han escrito de Andalucía pues tienen que narrar sencillamente. Si no narran, ¿qué hacen?, ¿montones de palabras?. Eso no es narrar. No sé de dónde ha salido eso de Narrativa Andaluza. Fernán Caballero, el Padre Coloma, todos los que han empezado a escribir la novela en Andalucía, en España, pues tienen que narrar, y lo bonito, precioso, preciosísimo de nuestra Fernán Caballero es esa, la narrativa. Ahora esos nombres están ya ocultados, están ya tapados como si fueran nombres vetados, como si fueran nombres indignos. Lean la narrativa del Padre Coloma, la narrativa de nuestro Pereda, vea la narrativa de todos nuestros novelistas. Pues narran, narran, y el que no narra, pues no escribe.

ENCUESTA: C 3 V 4.

EDAD: 49 Años.

PROFESION: Juez.

—¿Dónde naciste?.

—En Sevilla.

—¿En qué calle, te acuerdas?.

—En la calle Muñoz León, número dos.

—¿A qué edad fuiste por primera vez al colegio?.

—Pues, a los cinco años.

—Y, ¿dónde?.

—En el colegio de las Carmelitas de la calle Bustos Tavera.

—¿Dónde hiciste el bachillerato?.

—En Villasís, en los padres Jesuítas, donde fui, pues, a los siete años aproximadamente, y estuve allí hasta los diecisiete.

—Entonces, ¿hasta qué edad estuviste en el colegio?.

—Pues, ahora que me acuerdo, no sé concretamente. Te dije que en Villasís estuve siete años o diez años, pero estuve realmente diez años. Pues, estuve desde los siete hasta los diecisiete años.

—Y después, ¿qué hiciste?.

-Pues, pasé a la universidad de Sevilla donde estudié Derecho.

-¿No te gustaban las ciencias ?.

-No, no me gustaban las ciencias.

-La carrera la has hecho muy bien, no?.

-Pues sí. Creo yo. Vamos, tampoco es el indicado para hablar de eso.

-No, pero la hiciste en menos tiempo de ... .

-Sí. Efectivamente, tardé ... . Lo hice en cuatro cursos. Hice cuarto y quinto al final. Pues, lo hice en un año.

-Y después cuando acabaste Derecho, ¿qué hiciste?.

-Pues, entonces empecé a opositar. Primero a Registro, y luego ya, porque la materia me gustaba más, me atrajo Judicatura y ingresé en jueces comarcales y luego, últimamente hice oposiciones o concurso oposición para municipales. Y he tenido varios destinos en la carrera. En primer lugar fue Fuenteovejuna, que estuve poco tiempo, relativamente, allí. Luego pasé a Palma del Río, donde se ha llevado gran parte. Son veintiun año, nada menos, que he estado en Palma del Río. Y allí, pues, para optar a una población de capital de provincia, pues, hice un concurso oposición. Pasé a San Fernando, y de San Fernando, pues, recientemente me han destinado, a la solicitud mía, a Utrera.

-¿Dónde nacieron tus padres?.

-Pues, mi padre en Sevilla y mi madre en Peñarroya Pueblonuevo, de la provincia de Córdoba.

-¿Y tu mujer?.

-En Sevilla también.

-¿Sobre qué materia quieres que hablemos ahora?.

—Pues precisamente, estoy leyendo un libro de Unamuno y me puedes preguntar sobre literatura y concretamente de Unamuno.

—Bueno. ¿Sobre qué te gustaría hablar?. De ... . Por ejemplo, ¿dónde nació Unamuno?.

—Pues, Miguel Unamuno nació, pues, en Bilbao, en el año 1.864 y murió en Salamanca en el año 1.937.

—¿Qué ciudad está más vinculada a su existencia?.

—Pues, concretamente, Salamanca, donde transcurrió lo más fecundo de su existencia, como dice en su cátedra de Griego. Pasó luego a la rectoría de la misma universidad donde estuvo bastante tiempo.

—Háblame sólo de su espíritu.

—Es un espíritu de dimensiones excepcionales, cuya valoración podrían hacer todos con mayor justicia y a medida que pasen los años. Se le considera, ya desde hace mucho, como una de las mentes más profundas y originales de Europa, habiendo alcanzado casi todas sus obras versiones a los más diversos idiomas.

—¿Qué géneros abarcó?.

—Pues, abarcó muchos géneros: poesía, ensayo, teatro, novela, filosofía.

—¿Cúales son sus libros más destacados o los que a tí te han gustado más?.

—Pues, mira, "Del sentimiento trágico de la vida", "Vida de Don Quijote y Sancho", "Tres novelas ejemplares y un prólogo", "Abel Sánchez", "La tia Tula", "Amor y pedagogía", "Andanzas y visiones españolas", "Paz en la guerra", "El espejo de la muerte", "Por tierras de Portugal y de España", entre otras.

—Sobre tu profesión, ¿de qué quieres hablarme?.

—Pues, mira, un tema que me ha atraído y que me preocupa es el de sobre la cuestión de los errores judiciales en materia penal.

—Vamos a seguir sobre la materia.

—Constituye un principio de inexcusable observancia que desde el momento en que exista la menor duda sobre la culpabilidad del reo debe declararse su absolución. Todo es preferible al error cuya sola posibilidad sobrecoge la conciencia. Por ello la justicia debe agotar la investigación y poner a prueba toda su sagacidad y reflexión, con ayuda de los abundantes medios que hoy día pone a su alcance, para obtener la prueba del delito y culpabilidad del autor. De especialidad del juez es la instrucción y resolución de asuntos criminales. Es hoy un principio inexcusable para la buena marcha de la administración de justicia los altos conocimientos científicos que esta generación requiere, y que sobrepasan los de pura naturaleza. Se hace necesaria una formación peculiar, distinta a la de juez civil. Mientras que no se provea esta necesidad, la justicia penal no se encontrará debidamente atendida de la posibilidad de recusar a un juez, que se consigue en todas las leyes del mundo. Y que no tiene su fundamento en el temor sino en la preocupación de evitar que el efecto, el interés o el juicio humano, pueda influir inconscientemente en la decisión judicial pese al esfuerzo que en pro de su imparcialidad puede imponer el propio juzgador. Las causas de error judicial siempre están en las pruebas y la consiguiente equivocación en la apreciacion de las mismas. Así, en la confesión del reo, en las declaraciones, maliciosas unas veces, simplemente erróneas otras, de la víctima, o de los testigos, en las conclusiones inexactas de los peritos, en el resultado de una investigación no debidamente atenta en el momento del descubrimiento del hecho, que pasó por alto huella reveladora de la culpabilidad del autor, o de otras circunstancias importantes referidas al delito. El valor dogmático atribuído con frecuencia al presunto reo ha sido causa de buen número de errores judiciales. El odio, la esperanza de un bien o el temor de un mal, los cuatro clásicos motivos que se consideran capaces de inducir a un falso testimonio, pueden viciar también, junto a otros, la confesión. La confesión no dispensa al juez instructor de practicar todas las diligencias necesarias a fin de adquirir el convencimiento de la verdad y de la existencia del delito.

En España, y ello habla elocuentemente en honor de sus magistrados, dos errores de justicia, tan sólo excepcionalmente, han asomado a la crónica judicial. El último conocido se remonta en el año 1.910, y produjo por sus circunstancias y consecuencias una profunda conmoción pública. En toda ocasión fueron acusados, y más tarde condenados, como autores de un asesinato de un pastor de Osa de la Vega, provincia de Cuenca, dos vecinos del lugar, y tras haber cumplido doce años de reclusión, de los dieciocho que el tribunal le impuso, hallándose ya en libertad condicional, tienen reconocida su inocencia al reaparecer la supuesta víctima, que durante tan largo tiempo habría estado viviendo, incomprensiblemente, en diversos puntos de la provincia sin tener noticias de los acontecimientos.

La ley criminal española regula el procedimiento desde las primeras investigaciones hasta la sentencia, con la eminente preocupación de que el acusado se haya provisto de toda clase de garantías de limitación de una resolución injusta. Pero es también, como hemos visto, la posibilidad del error judicial, y los medios para su reparación mediante el ejercicio del recurso extraordinario de rendición. Es decir, se admite que la sentencia sea revisada, produciéndose ésta firme en aquellos casos en que se ponga de manifiesto una discrepancia entre la verdad legal, cosa juzgada, y la verdad real.

—Anteriormente me dijiste que estuviste un año en Palma del Rio ejerciendo el cargo de juez. Háblame sobre dicha población y de los recuerdos profesionales que tengas.

—Precisamente, teniendo en cuenta el tiempo que estuve, pues, al marcharme de dicha población me hicieron un homenaje que todavía recuerdo. Y de agradecimiento al mismo me decidí a escribir en el diario ABC de Sevilla. El veintitres de noviembre de 1.971 salió un artículo mío sobre Palma del Río, que titulaban "Palma del Río. Su progreso y activo turístico". En él se decía que era la avanzadilla de la provincia de Córdoba con la de Sevilla. Y se encuentra en una planicie, la ciudad de Palma del Río. Ciudad y no villa, por real decreto de 1.888, dado por la reina regente Maria Cristina en nombre de su augusto hijo, el rey D. Alfonso XIII, motivándose el privilegio, independientemente de la cesión de la población a la monarquía constitucional, al desarrollo de su agricultura, industria y comercio, cuyo desarrollo se ha acusado de forma extraordinaria en las dos últimas décadas. Y después, hacía una referencia a la forma de llegar a dicha población, y decía que tomando la recta, el viajero, por la carretera que a partir de Lora del Río discurre paralela a la vía férrea y al cauce del río Guadalquivir, con destino a Córdoba, después de abandonar Peñaflor, y a escasa distancia de la misma, a la altura del puente sobre el arroyo Retortillo, se encuentra el límite municipal y provincial. Rebasando éste, al introducirse en los términos de Palma del Río, se veía sorprendido el viajero por el paisaje que tiene a la vista, contemplando unas fertilísimas tierras. Y, al fondo, divisará la ciudad, que por la extensión de las edificaciones se percatará de su importancia, destacándose, entre las mismas, en el extremo oeste, l iglesia arciprestal de la Asunción, con su esbelta torre compuesta por dos cuerpos de campana.

Para no cansar, porque el artículo era bastante extenso, voy a referir, simplemente, que el término municipal de Palma del Río es muy extenso, y que sus ricas tierras brindan a los labradores que las cultivan, generosos frutos, llamando poderosamente la atención sus extensas huertas y teniendo renombre sus naranjos en toda España. Con una muy poderosa producción que hace necesaria la exportación, y que ha hecho necesario la instalación de una modernísima y costosa planta de zumo. Es destacable la extensión de su regadío e importante producción algodonera y de cereales. Todo ello hace que el nivel de vida medio de Palma del Río sea alto. Entre cuyo signo externo figura que el parque móvil sea el más elevado, por población, de Andalucía.

En el aspecto educacional, que es el que puede más interesarte a tí, se ha conseguido en los últimos años un poderoso avance al aumentarse muy sensiblemente el número de escuelas primarias: un magnífico colegio de segunda enseñanza y laboral, con grandes instalaciones, ejecutado por la Comunidad Salesiana. Y recientemente un instituto de segunda enseñanza, con un nutrido número de escolares.

La situación privilegiada de Palma del Río e importancia de la población, hace de ella un centro comarcal, afluyendo a la misma, diariamente, habitantes de los poblados y pueblos próximos, en un radio de veinticinco kilómetros, que contribuyen a la prosperidad de la ciudad, a la vez que se beneficiarán, sus visitantes, de su educación y asistencia médica y adquisiciones varias. A alguna minoría de aficionados le llama la atención Palma del Río por los hallazgos arqueológicos encontrados en su término municipal. No es extraño ver en la población personas procedentes de los puntos más distantes de España llevada por dicho impulso.

Anteriormente también me preguntaste qué recordaba, concretamente, sobre mis recuerdos profesionales. ¿Qué te puedo decir?. Interviene en muchas actuaciones judiciales, pues, de todo tipo, puesto que como era el único juez interviniente, pues, intervenía toda ella. O sea, delito o falta, y es de destacar que se caracterizaba, desgraciadamente, por un número bastante considerable, teniendo en cuenta los ingresos, el número de habitantes, pues, de suicidios. Por suicidios, pues, llamaba mucho la atención. Y destacándose, además de por el número tan sensible, como dije, porque había distintos tipos de forma de suicidarse. Pues, escogían ... . Desgraciadamente, pues, no se reducía a una modalidad sino que podía intervenir, y apreciar en mi intervención, que se

243

daban casos como el de un suicida ahorcado, como también el que se arrojaba al río, como de otras distintas formas de dar terminación a la vida. Mucho me intrigué sobre las causas determinantes del suicidio, y en algunos casos, de los menos que se daban, de frustración, pues, tomaba, indagaba lo más minuciosamente posible a la persona que intentó poner fin a su vida para ver qué es lo que lo que la había llevado a tal impulso. Y, normalmente, se puede sacar la conclusión de que realmente todas estas personas son trastornados mentales que son afectados en un momento determinado de tal forma que pierde totalmente el control de sus actos. Hasta tal punto de que ello lo va comprendiendo últimante la Iglesia. Y al principio, que sostenía una actitud algo rígida sobre su inhumación en cementerio esclesiástico, últimamente, una tolerancia. Y yo he podido vivirlo en cuanto la posibilidad de poderlo enterrar en cementerio canónico, teniendo precisamente en cuenta que sucede que sufre una influencia psíquica bastante considerable, y que no se le pueden hacer responsables de estos propios actos.

-En San Fernando también has estado últimamente. ¿Qué recuerdos tienes de allí?.

-Pues, he estado dos años aproximadamente. No llegó a dos años. Precisamente es una población que recuerdo con gran cariño y que, tanto particularmente, como en el ambiente familiar, nos hemos desenvuelto bastante a gusto. Y el hecho de haberme marchado ... . Porque me preguntarás, si he estado tan contento allí ¿por qué te has marchado de allí?. Pues, por razones familiares, y concretamente por razón de los estudios superiores de mis hijos, que me hacen necesario aproximarme a Sevilla. Pero en esa población, San Fernando, pues, mi forma de ser se ha comprenetrado tanto con la población como la población conmigo, y he convivido con ellos muy a gusto. También las circunstancias, quizás el hecho de tener tan próximo la playa en verano, también el Club Naval de San Fernando, el ambiente de compañerismo en que todas las personas de allí se desenvolvían. Pues, es también el aspecto incluso mismo cultural de conferencias frecuentes que daban allí la Academia San Romualdo, concretamente. Y hay un nivel cultural bastante elevado, el de allí. Y, concretamente, la Marina, pues, que para alguno era algún reparo que pueden tener algunos jueces en San Fernando por la cuestión de los posibles conflictos de competencia o de jurisdicción que puede presentarse con la Marina, incidencia que puede existir con el aspecto militar .... . Yo, francamente, puedo decir que no he tenido conflicto de ninguna clase. La relación judicial de la jurisdicción ordinaria con la jurisdicción militar se ha desenvuelto pacíficamente y sin incidencia de ningún género. Y he encontrado unos perfectos caballeros en los marinos y son gente muy agradable y gente donde he encontrado siempre una hospitalidad muy grande y recuerdo .... . Tengo un grato recuerdo de de todos ellos.

—Bueno, y ahora, háblame un poco de Utrera, tu último destino.

—Pues, mi último destino en Utrera, ya te digo que es .... . Llevo relativamente poco tiempo porque tomé posesión del juzgado en el mes de diciembre, y es un juzgado con una peculiaridad distinta completamente, es otro ambiente al de San Fernando. Un pueblo eminentemente agrícola. También tiene sus industrias. Es un pueblo, como tú sabes, el primer pueblo o el segundo de la provincia de Sevilla demográficamente. Allí, pues, me he encontrado con el problema, primero de la instalación del juzgado, que estaba difícil, pero, vamos, últimamente se ha subsanado pues he encontrado una colaboración grande allí para hacer obras de adaptación y de mejora. Que estoy satisfecho con lo que se ha logrado. En el aspecto de trabajo, pues igual, por el estilo a San Fernando, porque ten en cuenta que Utrera es bastante extenso de comarca también, y no digamos cuando tenga que hacerme cargo del partido judicial que es muy extenso, sobre todo en materia de circulación. Hay contínuos accidentes por la cantidad de red de carreteras que tiene, concretamente de la autopista, pues, llega desde Sevilla hasta casi al salir de Sevilla, porque Dos

Hermanas pertenece al partido judicial de Utrera, hasta el Cuervo. O sea, hasta la provincia de Cádiz. Pues, casi toda la provincia, más, luego, la carretera general y todas las carreteras de tipo secundario. Actualmente, pues, es un trabajo bastante sensible que da a los jueces el problema incluso de accidentes graves, de muertes y de lesiones de consideración.

-Pues, vamos a terminar y querría darte las gracias.

-Pues, gracias a tí, que me has dado la oportunidad de tener este rato de conversación contigo y de exponerte mis impresiones y de que pueda aportar dentro de lo que esté de mi parte en tu trabajo y en tus estudios que deseo sean lo más eficaces posibles.

ENCUESTA: C 3 H 1.

EDAD: 53 Años.

PROFESION: Profesora de Instituto.

-¿Quiere decirnos, por favor, dónde nació?.

-Nací en Sevilla.

-Y, ¿en qué zona de Sevilla?.

-En el barrio de ... . No me acuerdo cómo se llama, en el centro al lado de ... . He dicho el centro, tú ves, porque ya estoy ... ¿importa que lo diga?.

-Sí, sí.

-Como ya estoy hablando despacio, ya digo el centro, yo digo "el sentro".

-Sí, sí.

-Muy cerquita de la Campana y de la Plaza del Duque. Eso está en el centro de Sevilla.

-Y, ¿sus padres eran de Sevilla?.

-Mi padre era de Sevilla. Mi madre era oriunda de Huelva, pero ya con la familia en Sevilla.

-¿Recuerda qué tipo de escuela primaria hizo?.

-Me da verguenza, porque fui una niña elegante con mademoiselle privada.

-No importa.

–¿No importa?. A papá le gustaba que estudiáramos idiomas, y entonces, en vez de ponernos una señorita española, pues nos puso una señorita francesa primero y luego una inglesa. Así es que a la escuela primaria yo no fui.

–Y, ¿el bachillerato?.

–El bachillerato lo hice mucho después, porque primero estuve en el Colegio del Valle. Realizaba la educación de la ... . Y mi hermano en los jesuítas. Y, luego, cuando salí del colegio, que me gustaba mucho estudiar, dije que quería hacer el bachillerato, y no me dejaron, naturalmente. Me dijeron que si estaba loca. Eran mis tiempos. Y entonces yo sola me inscribí con un jesuíta, amigo de mis padres, y así lo hice. Hice primero, segundo y tercero en un año. Claro, eso no era nada para haber estudiado. Yo estudié bien, y, luego, el cuarto, en verano. Y luego quinto y sexto. O sea, que me lo hice en dos convocatorias. Que no tiene ningún mérito, porque, si tú has estudiado, pues ... .

–Y, ¿los estudios universitarios, dónde los hiciste?.

–En Sevilla, porque no me dejaban estudiar tampoco. Y entonces Sevilla era menos malo que irse a Madrid. A mí me hubiese gustado Literatura en vez de Historia. Por eso, la licenciatura fue en Historia.

–¿Has vivido siempre en Sevilla?.

–Pues, he vivido en Sevilla. Mi casa en Sevilla. Pero luego he estado mucho en el extranjero. Estuve ya de pequeña, en el colegio. Después, en Francia, y después, cuando terminó la guerra y terminé la carrera, el año treinta y ... cuarenta, ¿no fue, una cosa así?, o el treinta y nueve, no el cuarenta; entonces tuve una beca para hacer el doctorado y me fui a Roma, a un colegio, como es natural al colegio de las monjas, porque si no mi madre no me hubiera dejado, y entonces, me quedé allí dos años haciendo

250

la tesis. Y después estuve en Peruggia, haciendo, sabes?, esos estudios que se hacen para poder enseñar el italiano en el extranjero. Y entonces ya tuve la suerte que justo, cuando me doctoré, pues salió una plaza de lectora en la universidad de Venecia; y ahí fue donde me piqué a ir al extranjero a enseñar. Vine a España, y dije que yo quería hacer oposiciones a cátedra de universidad, me dijeron que de ninguna manera, que las mujeres en la universidad no. Y entonces dije que yo quería universidad, me dijeron que bueno, que al extranjero, muy curioso, no?, y dije que por qué no podía una mujer ser catedrático de universidad y dijeron que porque los chicos no estaban preparados. No se me olvidará la contestación tan absurda, pero fue eso. Así es que luego ya, pues ... . Pero vivir, vivir, lo que se llama ... , La casa ha sido siempre aquí. Lo que pasa es que ... .

–Aquí, en Sevilla con estancias, más o menos en el extranjero ... .

–Dos años en Roma, un año en Venecia; los veranos en H2¿9)gia; porque además era cuando la guerra, fíjate qué época ... .

–Y, ¿recuerda algo de la oposición?.

–Yo te estoy hablando de tú y tú me estás hablando de usted; no importará para, no?, para lo que se hace ... .

–En absoluto.

–¿La oposición?.

–Sí.

–¿Lo que tengo que decir?. Porque fue todo malísimo; una impresión fatal. Yo no había tenido nunca contacto con, digamos, la miseria humana, y fue espantoso. Me hizo una impresión horrorosa; nunca más en la vida he vuelto a hacer una oposición de lo que sea, porque exigían mucho, como sabes, y esto no importa, no?.

—Sí, sí.

—Total, luego, ¿para qué?. Y, sobre todo, vi aquella cosa de zancadillas espirituales para que el otro cayera. En fin, para mí fue abrírseme la vida. Horroroso. Porque, aunque no tenía quince años, sin embargo, no había tocado esa cosa de .... . Todo lo contrario de compañerismo. Pero, en fin, lo rucuerdo muy bien. Fue .... . Estaba yo en Suecia, cogí el avión, y llegué justo aquella mañana. Tan de pronto llegué, que no había podido leer nada, naturalmente; y tenía que haber pagado setenta y cinco pesetas para tener derecho a presentarme, y no las había pagado; y un señor del tribunal dijo que entonces no me presentaba; no me podía presentar. Claro, una tragedia horrorosa, eh?, pero como anécdota está bien, porque entonces me acuerdo que un muchachito de los que se presentaban, que, por cierto me dijeron luego que no tenía un céntimo, me prestó las setenta y cinco pesetas. Porque dijo un señor que si las podía pagar en el acto, y yo no llevaba setenta y cinco pesetas. ¿Para qué iba yo a llevar dinero para ir a ...? . En fin, y gracias a eso, pues ya hice la oposición, si no, no la puedo hacer.

—Y actualmente, ¿se dedica a la enseñanza sólo?.

—Sí, claro. ¿En qué sentido?.

—Vamos, como actividad profesional.

—A la enseñanza sólo; y ya está bien, porque con la cantidad de horas que tenemos, y la cantidad de cosas que corregir, sería imposible.

—¿Cree que ha variado mucho el tipo de enseñanza actual de la antigua?. Vamos, de la antigua, de la anterior quiero decir.

—Sí, de la noche a la mañana. La palabra antigua, es una palabra que no me gusta, pero no cabe duda que todo lo que no es moderno, pues lo anterior es antiguo. En cuanto a mi carrera, por ejemplo, cuando yo llegué .... . Las chicas de preuniversitario eran seis o siete. Entonces iba a dar las clases en el parque. Y, por ejemplo, una de las cosas que se hacía era ... . Estábamos leyendo una novela de Piére Daninos, y lo que se hacía en clase era la discusión de la novela, aparte de los días que se hacía dictado. Pero, en fin, el punto fuerte de la clase era la discusión sobre Piére Daninos. No sé si lo recuerdas, que tiene mucho que discutir. Eso hoy día, no hay ni dos clases que lo puedan hacer. Y ahora tenemos en una clase cuarenta y tres. Creo que son ciento veinticinco en total. Eso ya es la marea. Y luego, la mayoría no tienen ni idea. No sé si eso se podrá decir aquí, pero, desgraciadamente, es verdad.

—Se puede decir aquí, tranquilamente.

—O sea, de los años que yo llevo ... . Que sí son muchos, pero que no son tantos como podía parecer viendo mi edad, puesto que yo empecé muchísimo más tarde. Yo nunca pensé hacer catedrático de instituto. El año no me acuerdo, el año nunca me acuerdo, pero me parece que fue ... . Me parece que hace como unos quince o dieciséis años, y en esos quince años es algo espantoso.

—No. Es que no es de extrañar que note esa diferencia, pues yo, que llevo muchos menos años, que llevo cinco años, también lo noto. Porque cada vez nuestro ministerio está poniendo las cosas peor. Porque yo creo que no es sólo culpa ... . Habrá muchos factores, no?.

—Yo ataco mucho al ministerio, eh?, ahora, que no se enteran. Pero, por ejemplo, ahora estos amigos, estos catedráticos de universidad que yo estaba ... . Para mí, la universidad, está ante todo la sueca. Eso es maravilloso. Pero la americana luego, por la cantidad de facilidades que te dan, lo fantástico que es todo. Y me vienen a decir ahora que, por ejemplo, cuando yo estuve, que hace me parece que son ... . Tengo una memoria fatal para los números, pero el año que se murió Kennedy, más o menos, verdad?, todo el mundo lo recuerda. Y entonces de una asignatura que había ... . Este señor ... . Ellos son de ciencias. Entonces, de una

asignatura que daba de ciencias, para los que salían
licenciados en dentistas ... . Claro, allí es todo
diferente que aquí. Pues, entonces, esa asignatura,
si uno fallaba, era una tragedia, porque iban
preparados. Y ahora dicen que este año han fallado
doce, para la misma materia. O sea, que eso es allí.
Así es que nosotros que siempre estamos un poco más
flacos ... .

-Quizás sea una consecuencia de ... .

-General parece ser, parece ser.

-De la socialización de la enseñanza no?.

-Parece ser que sí, que sí, sí. Que queremos
hacerla accesible a todo el mundo y ... .

-Exactamente.

-Aunque no debe ser una cosa privilegiada.

-Sí, pero no cabe duda que estamos ... .

-Hay que seleccionar un poco.

-Estamos exagerando.

-¿Recuerda alguna anécdota curiosa o interesante
de la época de estudios primarios y secundarios?.

-Primarios, no puedo. No puedo, porque no hice
escuela.

-Y, ¿del ambiente de la universidad?.

-Pues sí recuerdo, por ejemplo ... . Pero esto no
importa.

-Esto es simplemente para escuchar.

-Porque, una cosa que se me quedó grabadísimo fue
que cuando fui a examinarme de Matemáticas ... . Yo
siempre he tenido mucha facilidad para las letras,
para las ciencias no. Por lo tanto, yo, mis

Matemáticas y mi Química y Física, las he tenido que
estudiar y bastante para sacar un notablito. Y,
entonces, cuando estaba examinándome en la pizarra
viene una señora por detrás, no sé lo que sería, y
me dice: "Por Dios, por Dios, que el catedrático no
hace más que mirarla". Porque yo tenía la mano
levantada y llevaba manga corta. Esa es una ... .
Que supone una época de tinieblas, de la Edad Media,
vamos. Eso como cómico. Y luego, otra cosa, en el
examen, esto fue a mi hermana, se fue a examinar de
Francés, y entonces, figúrate, era la señorita esta,
y le dice: "Vamos a ver, dígame usted las reglas de
los participios". De no sé cuántos. Y dice: "Pero,
¿decirle las reglas, o demostrarle cómo se hace?".
"Las reglas, las reglas". Y claro, ella las reglas
así, así no se las sabía. Y entonces un ayudante, o
no sé quién había le dice: "¿Le da lo mismo que ella
ponga un ejemplo?. Digamos el caso, y ella pone un
ejemplo". Claro, que, a la pizarra, puso el ejemplo.
Lo puso bien, puesto que sabía Francés. Y dice el
catedrático, "Sí, pero eso no es saber Francés". Me
hizo una gracia extraordinaria. O sea, que saber
francés era saber las reglas. O sea, que se
estudiaba de una manera, pues, francamente un poco
mecánica, un poco ... .

   —El psitacismo. Sí, sí. ¿Y el ambiente en la
universidad?.

   —El ambiente en la universidad, en cierto sentido,
estupendo. Mis amigos de la universidad los adoro
todavía, los quiero, nos vemos. Y mis profesores.
Los quería una barbaridad. Ayer me he encontrado a
uno, no voy a decir el nombre para que no suene a
coba, en la calle, y me he parado con mis
compañeros, con mis colegas estos de Los Angeles, y
he ido a saludarlo. Había un ambiente, no cabe duda,
muchísimo más cordial. Estas cosas de ahora ni
soñarlo. Un respeto, una simpatía, una deferencia a
las señoritas, etcétera. En Filosofía y Letras
éramos bastante. Ahora, ya empezaba un poquito ... .
Había conato de gamberrismo, puesto que recuedo que
cuando pasábamos las de Filosofía y Letras, había
unos cuantos muy guapos, como pasa siempre, y
entonces, cuando pasábamos las de Filosofía y

Letras, pues se ponían todos los de Derecho ... .
¿Recuerdas aquel patio de Filosofía que estaba el
segundo y ... .

-Sí, sí.

-Pues, todos los de Derecho empezaban un abucheo
que era simpático. O sea, quería aquello ser una
especie de pleitesía, pero era un abucheo. Hasta
que, me acuerdo, que tuvimos que ir al rector a
decirle que no pasábamos más por allí. Pero, claro,
entonces se podía todavía sostener a la gente, y no
pasó nada. Y, como cosa curiosa que retrata la
época, es que yo he sido siempre muy friolera,
entonces las manos se me quedaban heladas, yo
llevaba guantes, pero no llevaba guantes por
ridiculez, porque eso hubiera sido el colmo de la
tontera, llevaba guantes porque tenía frío; y
entonces, un catedrático de izquierdas, que que
tampoco voy a decir el nombre, porque, el pobre,
creo que lo mataron, pues me puso el veto, dijo que
yo no iba a aprobar porque llevaba guantes. O sea,
que yo me las iba dando allí de qué sé yo. Son
cosas, no me negarás, verdaderamente divertidas.

-Sí, sí. Entonces la universidad, desde luego, ha
variado mucho para bien y para mal.

-Sí, exactamente. En el sentido de más
posibilidades y de menos tontería y de un poco más
de comprensión, sí. Ahora, no cabe duda que ahora
... . Yo creo que lo que ha perdido, desde luego, es
calidad. Lo que ha ganado en cantidad.

-Sí.

-No quiero decir nada de mis tiempos, pero sin
nombrar tampoco los ... . Te podría decir nombres
que todo el mundo conoce. En el curso nuestro hubo
un director general: Florentino Pérez Embid. Hubo
tres premios extraordinarios, que tuvieron que dar.
O sea, se estudiaba de una manera enorme. Había,
pues sí, había una chica que era muy perezosa y muy
bonita, y como era muy bonita, los chicos le daban
... . Y nosotras también. Pero, vamos, eso era raro.

El alumno que no estudiaba era raro. Estudiábamos una barbaridad; y ahora, yo creo que no hacen nada. Fundamentalmente, yo lo que más encuentro en la universidad ahora. Es que antes, en vuestra época, incluso en la mía, los que llegábamos a la universidad estábamos preparados.

-Por supuesto.

-Por lo menos había una base intelectual ... .

-Por supuesto.

-Que hoy no tiene el universitario, por desgracia. Se da el caso, lamentabilísimo, del estudiante que trabaja como una mula, y no es metáfora mi comparación ... .

-No, no, no.

-Y es incapaz de sacar nada.

-Sí, sí.

-No tienen vocabulario. Hoy me ha pasado en preu, perdon, en C.O.U., tres o cuatro palabras, las traducen. Dije: "no, no es eso; es que eso es la palabra española". No es ya que le falla la palabra francesa, es que no saben lo que quiere decir ... . Vocabulario, nada. Sí, es que nuestras materias están muy próximas y el español no lo podemos enseñar bien por el montón de alumnos que tenemos, por el montón de horas que tenemos. Además, que ésa es también mi materia.

-Exactamente.

-Puesto que yo, en el extranjero, no doy francés, les doy Lengua y Literatura española. Por eso aquí, yo digo a veces: "Por Dios, que yo no oiga eso". Además, es que me gusta, no lo puedo remediar, la lengua me encanta.

-Sí. Yo estoy llegando a una situación casi, no sé, de un poquito de desengaño, porque es que me doy cuenta de que cada vez hacemos menor labor.

-Yo no quiero hablar de eso, porque como eso es un sentimiento muy de los viejos, y yo, cuando me llegue morirme, si hace falta de vieja, que no quiero, pues ya se hablará de vejez, no quiero hablar de desengaño, de desencanto, pero es algo espantoso. O sea, que tú, tú haces un esfuerzo, porque, no cabe duda, el buen profesor tiene que hacer un esfuerzo, tú haces un esfuerzo y no sirve de nada. Llegas a fin de curso y sabe, la misma niña, lo mismo que hubiera podido saber, quizás, sin tí, porque es lista y aplicada. Y la otra, no. Entonces, tú, a la fuerza ... . Pero no quiero pronunciar la palabra, pero es verdad.

-Sí, sí.

-El sentimiento existe, ya lo creo.

-Es muy humano, te deja ... .

-Ya lo creo.

-Te deja un poco perplejo y un poco desilusionado, porque a todo el mundo le gusta ver los resultados positivos de su labor. Y luego eso. Que hay cuatro o cinco niños cateados y contestatarios. Protestan porque no saben. Eso ya es el colmo.

-¿Cómo ves el ambiente de las alumnas en el instituto?, en la situación actual.

-¿En qué sentido?.

-¿Encuentras mucha inquietud, digamos, de tipo social, de tipo humano?.

-Se habla mucho de eso. Yo encuentro, vamos, no como es natural ... . Todos, creo que tenemos una simpatía por los jóvenes, porque si no pues de qué sirve la vida, no?.

-Sí, sí.

—Pero me da la sensación de que se habla mucho de
inquietud y se habla mucho de social, todas quieren
hacer algo social. Y hablan más de eso que de lo que
es verdaderamente ... . Aparte de algunas, como es
natural, eso es lógico, siempre hay y lo ha habido.
Pero me parece que es una cosa más de boquilla que
una expresión verdadera. Porque, luego, se les ve la
vida que hacen, y la inquietud ya no la ... . Quizás
tengan más que entonces, porque entonces no existía.
Si la persona tenía una inquietud, era porque ella
lo tenía dentro, pero no porque existiera.

ENCUESTA: C 3 H 2.

EDAD: 62 Años.

PROFESION: Profesora de E. Universitaria.

—Vamos a ver, ¿le parece bien que hablemos en principio sobre Sevilla como ciudad?.

—A mí sí. Mucho. Me parece muy bien.

—¿Le gusta a usted la ciudad?.

—Muchísimo.

—Pero, ¿qué parte le gusta más?.

—No se trata de partes, no; al decir que me gusta la ciudad no digo que me guste materialmente la ciudad, aunque también me guste, lo que me gusta es el ambiente, lo que es Sevilla, lo que debía ser al menos. Lo que yo he conocido de Sevilla, o sea, por experiencia, de mi niñez, o a través de mi familia, a través de lecturas, a través incluso de sueños si se quiere. Lo que es Sevilla o lo que debía ser Sevilla. Esto ... . Uno de sus aspecto es la parte material pero no es el único. Claro, la parte material hoy está desconsoladora, para desconsolar a cualquiera, a cualquiera que la quiera menos que yo.

—Usted no se desconsuela entonces porque vea desaparecer tantos lugares y ... .

—Me da un dolor inmenso, enorme. Pero ... . Aunque la comparación vaya a parecer un poco exagerada, como me dió un dolor inmenso ver desaparecer a mi madre, pero no por eso dejé de quererla.

—¿Usted cree que hay muchos sevillanos que piensan

así como usted?.

-Me temo que desgraciadamente no porque entonces no la harían desaparecer. Como si yo hubiera procurado de que no desapareciera mi madre, como es lógico.

-¿Usted ve el ambiente de Sevilla distinto del ambiente de cualquier otra ciudad?.

-Sí para el que tenga sensibilidad para captar esto, para todos no, para la mayoría no. Para quien tenga sensibilidad para captarlo sí, Sevilla es distinta de las demás ciudades.

-Pero hay una parte quizás .... . Digamos que la prisa, las personas trabajando, los coches, los ruidos. ¿Eso no ciudad. ¿Se puede decir que eso sea Sevilla también?.

-Yo preguntaría al revés. Lo que hay que preguntar, ¿si la parte de Sevilla que ya está inmersa en un vértigo universal es Sevilla también?.

-Pero cada ciudad para usted tiene una personalidad distinta y una marca .... .

-Qué duda cabe. La ciudad que no tuviera personalidad ninguna, para mí no existiría. Eso es un sitio donde se mete una, porque no tiene más remedio, debajo de un techo. Pero eso no es una ciudad. Una ciudad tiene que tener la personalidad distinta de las otras. Bueno, la palabra personalidad no es exacta, por supuesto está usada por acomodación, hay que usar alguna y usamos esa. Roma tiene su personalidad especial, la tiene París, la tiene Florencia. Naturalmente si no tuvieran esa personalidad no sería ni París, ni Roma, ni Florencia.

-Y de los objetos típicos de Sevilla, no me refiero solamente a lugares, sino como a las fiestas y todo eso. ¿Qué piensa de todo eso?.

-Las fiestas típicas de Sevilla. Verdaderamente,

oyendo la palabra típica en el concepto que
corrientemente se le da, creo que no existe más que
una que es la Feria. Bueno, yo opino sobre la Feria
que si estuviera en mis manos la suprimía. Esto no
es nada ya, fue una cosa en sus tiempos según he
leído y según he oído, que no la he vivido. Cuando
yo era niña ya aquello estaba en decadencia. La
Feria tuvo una razón de ser en una época, en un
momento que ha desaparecido. Ahora de eso no queda
nada más que una aglomeración de gente. Hay quien
dice que es una verbena de pueblo, lo que quieran.
Pero eso .... Desde luego, yo la suprimía si
estuviera en mis manos. Naturalmente como no está no
la puedo suprimir ni nada de esto, claro. Luego no
creo que existan otras fiestas típicas en Sevilla,
porque a mí me parece que la Semana Santa no lo es.
Y ni es fiesta. Y por lo tanto no es típica. Es otra
cosa distinta, es una solemnidad de tipo religioso
que ha salido a la calle, que salió hace mucho
tiempo a la calle. Entonces cuando empezó a salir
hace muchos siglos, con una motivación no solamente
religiosa sino popular, de lo que subsiste algo,
pero desgraciadamente muy poco, ahogado en una masa
de materialismo y de deseo de lucro. Y no es que
haya perdido todo, conserva su carácter religioso y
popular, fundamental en ella, pero tan diluído que
realmente .... A mí me sigue gustando algunos de
sus aspectos, muy escondidos, muy ocultos dentro de
las iglesias, en algunos de los barrios y demás.

—Pero las personas que vienen aquí a ver la Semana
Santa siempre piensan que eso es como una feria,
no?, como un adelanto de la Feria.

—Claro, por eso la suprimía, porque en cuanto eso
es, desde el punto de vista humano, falso, desde el
punto de vista religioso, casi blasfemo.

—Pero también hablan de que Sevilla es diferente y
entonces los sevillanos sienten así de esa manera
exterior .... .

—Sí, porque indiscutiblemente lo sentimos, es
verdad. Lo sentimos, incluso a veces, en medio de
esa barahunda, de ese horror de materialismo, de

mercantilismo. Y que tiene una verdadera esencia de sevillano, y en este caso es religiosa, y sabe encontrar en ello algo después de andar buceando y aislándose del exterior de una manera enorme. Eso no quiere decir que no nos guste algunas veces alguna manifestación de ese tipo, pero que no lo explica ni justifica el que eso se mantenga de esa manera.

—Otra cosa típica que se ha perdido completamente son las Cruces de Mayo.

—Sí. La verdad es que de las Cruces de Mayo casi no puedo hablar, no las he frecuentado nunca porque ahora eso no existe ya, y cuando yo era niña, que parece que sí, que existían. Era un ambiente, por lo visto, tan profundamente popular, tan esencialmente popular que en mi ambiente social no entraba y no me llevaron nunca, y cuando yo hubiera ya sido mayor y hubiera tenido un poco más de independencia de movimiento, ya entonces aquello casi no existía. Sí recuerdo que algunas veces, en familia, entre amigos, cuando éramos niños hacíamos una cosa de esas que me figuro que sería una pequeña parodia.

—Usted ha estudiado Filosofía y Letras aquí en Sevilla, no?, en ... .

—Sí.

—¿Y en la Facultad nota mucho cambio?.

—Mucho.

—¿Para mejor o para peor?.

—No sé cómo empezar a contestar a esto porque me parece que no tengo suficientes datos, suficientes elementos de juicio para enjuiciar y para calibrar la labor, digamos científica, técnica. Claro, por tanto espero que sea para mejor en ese aspecto, porque, claro, si no vamos avanzando en ese aspecto entonces sería catastrófico que ... . No quiero pensarlo. En ese aspecto espero, sin que lo pueda certificar, que vamos a mejor. En el aspecto humano decididamente a peor, claro.

266

—Sí. Me refería a eso, al aspecto humano, al ambiente de clase, de pasillo, de ... .

—De clase no lo sé porque yo no asisto a clases, no soy ahora mismo tampoco profesora de clases, por eso no lo sé. De pasillos, de lo que se oye, de lo que vive, de lo que se ve, eso va a peor.

—Como reflejo de la vida o de ... .

—Me figuro que como reflejo de todo. De la vida, claro. Todo en la vida ahora es masivo y no podemos extrañarnos de que también sea masiva la universidad. No podemos lamentarnos, claro. Yo estudié en una época en que todos los alumnos, todos los compañeros éramos eso, compañeros, compañeros y amigos. Por supuesto éramos también amigos de los profesores. Nos honrábamos y nos encantaba el pensar que se nos consideraba como eso, como amigos. Y luego, todos los compañeros de ahora ... . Yo oigo por ahí a chicos y a chicas, que estudian ahora, y no conocen siquiera el nombre de algunos de sus compañeros de clase. No es nada de extraño, son tantos. Pero sí puedo lamentarme.

—¿Usted cree que realmente se puede aprovechar una clase dirigida por un señor a través de un micrófono a docientos alumnos?.

—No, sin comentarios. Es inútil decir más. Tajantemente no. Soy profesora de un centro donde tengo cincuenta alumnos y creo que no puedo dar la clase a cincuenta alumnos, figúrese usted a docientos.

—Entonces ¿qué procedía?, la solución sería tener más profesores y más dinero para pagarlos, no?.

—Pues sí, casi siempre la profesión tropieza, la solución, perdón, casi siempre tropieza con el asunto dinero y creo que un poco equivocadamente quizás, pero el caso es que en este caso parece que la única solución sería muchos más profesores, y por lo tanto que cupiéramos a menos alumnos. Digo cupiéramos porque también yo padezco enormemente.

Aunque no por enseñar en la universidad, pero padezco ese mal. Entonces, al ocurrir esto de que haya tantos alumnos y tan pocos profesores, incluso el nivel nivel ciéntífico es más difícil de mejorar, porque cada uno tendrá que hacerlo a su manera y a su modo, a través de libros, o quedará más bajo.

Esto entra ya en esa primera parte de lo que yo le decía antes, que no me atrevo a enjuiciarla porque no tengo datos suficientes, y que queriendo ser optimista, porque yo creo que lo soy, pienso que el nivel científico va hacia arriba. Ahora lo que yo ... . Me parece, me figuro, hablo más que nada por figuración, es que esta elevación de nivel científico se queda reducido a un núcleo muy pequeño de alumnos que son los verdaderamente valiosos, los que verdaderamente consiguen, en este masivo amontonamiento de personas, encontrar la perla escondida. Los demás, por supuesto, no la han encontrado. Son uno más. Con una vulgaridad que saldrá de aquí, con un barniz, con un poquito más de nivel que si no hubiera entrado, pero muy poquito más. Esto no quiere decir que el nivel científico descienda, se quedará bajo de ellos, destruido, pero claro, habrá una minoría que recoja un nivel cada vez mayor y que lo vaya, por tanto, elevando. Ahora, claro, es, entonces, decir, que sostenemos una universidad de "x" alumnos para que se beneficien de ellos "x" menos muchísima cantidad, una minoría pequeñísima, los demás, plim, plam. Esa es mi impresión. No pretendo acertar con ello. Opinión, que puede ser equivocada, eh?, es cosa de ... .

—¿Usted, en Sevilla, más o menos, por dónde ha vivido casi siempre?.

—Siempre en el centro, en el Salvador; allí nací y allí vivo.

—De su trabajo ... . ¿Le gusta su trabajo?. ¿Se siente bien en él?.

—Mucho. Me gusta mucho. Sentirme bien, no, porque me siento un poco frustrada en él. No, no encuentro los medios, no he podido nunca realizar del todo

aquella labor que creo yo que se habría de realizar
en la enseñanza, por unos motivos o por otros. Pero
gustarme me gusta mucho.

–Por sus, digamos, manos habrán pasado muchos
alumnos.

–Muchos.

–Durante bastantes años.

–Treinta.

–Entonces, ¿ve mucha diferencia entre sus primeros
alumnos que tuvo, en general claro me refiero, y los
que tiene ahora?.

–Sí, mucho. Es lógico.

–¿De mentalidad sobre todo?.

–Es difícil eso de calibrar. La mentalidad de una
persona. En lo que yo veo más la diferencia es en la
manifestación externa de esa mentalidad, que no
quiere decir siempre que sea un principio exacto. La
mentalidad creo que no me atrevo a decir que sea
distinta. En los primeros alumnos que yo tuve los
había profundamente inteligentes y verdaderas
medianías, incluso nulidades, y ahora pasa igual.
Eso por supuesto. Lo que se nota es la diferencia de
manifestación de esa mentalidad y el intento de
adaptación al nivel que se pretende adquirir. En los
primeros años eran muy pocos alumnos, muy reducidos
de dinero, en las clases, y hasta el que tenía una
mentalidad, pudiéramos decir más nula, encontraba un
apoyo, un alivio en los otros, que le ayudaban a
subir. Y ahora, como son tantos, claro, lógicamente,
al aumentar el número de los menos dotados, pues, se
masifican y en aquel mar nadan unos pocos y los
demás se ahogan.

–¿La disciplina ha cambiado mucho?.

–Sí, pero hay que comprender que hay primero que
ponerse de acuerdo en lo que significa la palabra

disciplina. Si se refiere a disciplina externa sí ha variado. La disciplina de otro tipo depende de quien sea el profesor.

–¿En cuanto a la disciplina externa considera que hay más o menos?.

–Menos, por supuesto.

–Y, ¿la relación alumno profesor también ha cambiado desde hace unos años a ahora?.

–Fundamentalmente no. El profesor que quiere tener relación con los alumnos la puede tener. Ahora, lo que pasa es que ahora la puede tener en un grado menor y sobre todo con un grupo reducidísimo de alumnos, y antes podía ser con todos porque eran reducidos. Pero no creo que haya inconveniente ninguno en que se tengan relaciones porque son alumnos, eso, alumnos. Lo que es imposible es tener relaciones, el profesor, con todos sus alumnos.

–Usted, principalmente, lo que ha hecho es llevar clases ¿de qué?, ¿de Francés?.

–De Literatura y de Francés. No he dado más que de eso. Fundamentalmente de Literatura. Algunas veces de Francés.

–Bueno, hablando de literatura, a usted le gusta leer, ¿verdad?.

–Sí, muchísimo.

–¿Qué tipo de libro le atrae más?.

–Es difícil, porque a mí me gusta leer creo que de todo: historia, literatura, por supuesto. Digamos, Gabriel y Galán. Me gustan mucho las biografías, me gusta mucho la sociología. Lo que sí, más que quizás algún dato que pueda interesar, no me gusta la poesía, no es que no la lea pero no me gusta, no he conseguido nunca que me llene una poesía.

–Decíamos que no le gusta la poesía, me puede dar

una razón así ... .

-Casi no se la podré dar porque puede que ni yo misma la sepa. Es sencillamente que la encuentro, con muchísima frecuencia, poco realista, falsa. Siempre me imagino que aquello está escrito sin una verdadera autenticidad. No sé si obedece a esto, quizás, a que haya conocido algún poeta ... .

-¿Quizás porque pensaba que la poesía realmente era como una manera de expresar los sentimientos, nada más?.

-Sí, pero yo soy muy incrédula y, claro, lo estoy leyendo así como un poco ... . Reconozco que hay poesías preciocísimas y siempre se ha dicho que eso es muy subjetivo, que eso es una poesía. No la encuentro una cosa para ... . Vaya, es que llena siempre más un buen libro de prosa. Que no es que diga yo que no me gustan en absoluto, pero ... . Que es postre de una buena comida, pero no sustituye a la comida.

ENCUESTA: C 3 H 3.

EDAD: 60 Años.

PROFESION: Profesora de Instituto.

—¿Quieres decirme, por favor, dónde nacistes?.

—Aquí, en Sevilla.

—¿En qué zona de Sevilla?.

—En la zona del Museo, en la calle San Vicente, concretamente.

—Y, ¿has vivido siempre aquí, en Sevilla?.

—Siempre, menos tres cursos que estuve en Huelva, en el instituto.

—Y, ¿tus padres son también de Sevilla?.

—Mi padre no era de aquí, pero vivió casi toda su vida en Sevilla.

—Y, ¿tu madre?.

—Mi madre creo que nació aquí. Era de origen cordobés, de familia.

—Y, ¿el tiempo que has vivido en Huelva, has notado mucha diferencia entre el ambiente de Huelva y el de Sevilla?.

—¿Culturalmente dices o en cuanto al modo de hablar?.

—Pues sí, en todos los aspectos generales.

—En cuanto al ambiente cultural, yo no he tratado con demasiada gente, pero en el instituto, pues lo normal. Yo creo que como aquí, poco más o menos.

—¿Te acuerdas dónde hiciste los estudios primarios?.

—No tuve colegio. O sea, hice los estudios en casa con una profesora particular.

—Y, ¿la enseñanza media?.

—La enseñanza media fuí a una academia.

—Una academia, ¿te acuerdas cómo se llamaba?.

—Sí, El Liceo Escuela.

—Y, ¿tienes algún recuerdo especial de esos años de aprendizaje, de escuela primaria, digamos así, de estudios primarios o de enseñanza media?.

—Pues, la enseñanza primaria, recuerdo que me aburría bastante, quizás echaba de menos eso, una escuela y tener compañeras y compañeros y una vida más con gente de mi edad, no?.

—Y en cuanto a los estudios secundarios, ¿notas mucha diferencia en el ambiente, o la forma de enseñar de aquella época y la que llevamos nosotros ahora, por ejemplo?.

—Pues creo que no. Lo único que donde yo estudiaba eran grupos más reducidos, y era más sencilla la enseñanza para nosotros, quizás, o sea, el aprendizaje.

—Y la enseñanza superior, ¿dónde la hiciste?.

—Aquí, en la universidad, en Sevilla.

—¿Qué especialidad hiciste?.

—Hice Historia, que es lo único que se podía estudiar entonces.

-Filosofía y Letras con la especialidad de Historia, no?.

-De Historia.

-Y después ¿por qué te dedicaste a los idiomas?.

-Pues, por casualidad también, porque mi padre era muy aficionado a ellos, y, de pequeños, nos enseñaba inglés y francés, y, cuando empezó aquí el Instituto Británico, mi padre quiso que empezáramos, especialmente yo, que fuese desde el principio otra vez. Y, él mismo también asistía a las clases avanzadas del Británico. Y ya fue ... . Yo estudiaba inglés, pero sin pensar que me serviría para nada, simplemente por afición cultural o por interés.

-Y después, ¿has sido siempre profesora de Inglés?.

-No, empecé dando clases de Historia, de Literatura, de lo que era normal en mi rama entonces, en colegios.

-Y, ¿estuviste mucho tiempo siendo no numeraria dando clases?.

-Pues, aproximadamente creo que fueron tres cursos.

-Tres cursos, no?, y ahora, actualmente, te dedicas sólo a la enseñanza?.

-A la enseñanza, y a pintar en mis ratos libres.

-O sea, que tu hobby es precisamente la pintura?.

-Es la pintura.

-Es una ocupación muy agradable. ¿Tienes algún recuerdo especial del ambiente universitario durante tu tiempo de estudios universitarios?.

-¿Te refieres a la enseñanza o a ... ?.

—Sí, o al tipo de universidad que se vivía entonces, a las relaciones entre los estudiantes ... .

—Muy pocas. O sea, yo creo que en ese terreno se ha salido ganando hoy día, porque el profesor era un señor distante a quien los alumnos nos sentíamos alejados realmente. Y, sobre todo, en clases numerosas. Yo cogí, después de la guerra, que había, propiamente dos cursos en uno y eran unas clases muy numerosas, y nos sentíamos muy aislados realmente.

—¿Tú crees que ha cambiado mucho el sistema docente universitario de entonces ahora?. No sé si lo conocerás, claro.

—No conozco el actual sistema docente, pero he oído hablar de que hay más facilidad para poder conocer a los alumnos. Los alumnos al profesor. El que tenga interés, pues puede tener más campo donde demostrarlo. Es más convincente que el sistema que se seguía anteriormente. O sea, la labor de seminarios. Y creo que todo eso es mucho más ... .

—Y, ¿no has estado ninguna vez en Inglaterra perfeccionando el idioma o algo?.

—Sí, durante dos veranos.

—Dos veranos. Y, ¿qué te parecía la sociedad inglesa en comparación con la española?.

—En realidad, la sociedad inglesa, pues no se puede decir que se conozca muy bien cuando se va a un curso de extranjeros. Se conoce más a los extranjeros de distintos paises que a la sociedad misma inglesa. La segunda vez estuve en una casa particular, con una familia y, claro, tuve más contacto con ellos directamente.

—Y, ¿podrías hacerme un parangón, o una diferencia, o una comparación entre el tipo de enseñanza, a nivel de enseñanza media, español y el inglés?.

278

-Pues, aunque parezca paradógico, no conozco el inglés directamente. Creo, por lo que nos han explicado, que es mucho más irregular que el español, o sea, que no hay un sistema único, sino que varía mucho, según las escuelas; por lo menos, tienen gran libertad las escuelas para seguir sus propios programas, sus propias asignaturas.

-Antes me decías que practicas, como una afición especialmente interesante para tí, la pintura. ¿Quieres hablarnos algo de pintura?. ¿Qué significa para tí la pintura?.

-De empezar a estudiar, me dedicaría exclusivamente a la pintura.

-Y, ¿tienes preferencia por algún tipo de pintura concreta?.

-Sí. Aunque sea muy antigua mi posición, pero no me gusta la pintura abstracta, me gusta la pintura pintura, o sea, en el sentido de que prefiero, o sea, de que sea figurativa, sea, exclusivamente figurativa. O sea, que yo creo que la pintura no debe ser una fotografía, debe tener algo más; porque la pintura que no representa algo, tampoco me dice a mí nada.

-Sí, aquella que contine un mensaje, por lo menos.

-Eso. O sea, me gusta desde el punto de vista decorativo, en cuanto a colores, en cuanto a dibujo; pero yo creo que la pintura realmente, para ser grande, debe tener algo más.

-¿Tienes preferencia por algún pintor concreto?.

-Sí, Sorolla me gusta muchísimo.

-Y dentro de la Escuela Sevillana, ¿te interesa algún pintor concreto?.

-Dentro de la Escuela Sevillana, bueno, Murillo, quizás a todos los sevillanos nos gusta.

—¿Conoces, un poco, el ambiente cultural de Sevilla actualmente?. En este sentido de la pintura o de las manifestaciones literarias, digamos.

—Yo creo que hay bastante inquietud quizás entre los jóvenes respecto a las cuestiones de pintura, casi todos siguen las tendencias de vanguardia actualmente.

—Y, ¿tienes preferencia por alguna otra bella arte?. ¿Te gusta, por ejemplo, la escultura o la música?.

—Creo que es incomparable. La escultura me gusta, pero subordinada a la pintura; o sea, me gusta mucho más la pintura.

—Para tí, Sevilla, si tuvieras que definirla, ¿qué es?, ¿la Feria?, ¿la Semana Santa? ... .

—Pues no sé, en realidad, lo que es, pero la encuentro bastante insoportable hoy día.

—¿Por qué?.

—Encuentro que ha crecido mucho materialmente, pero que culturalmente la gente no está al nivel que debiera tener una gran ciudad. Y siguen siendo muy ruidosos, demasiado. Y nos echan la culpa de la Sevilla o la España de pandereta. Pero yo creo que, en parte, tienen razón, que la gente no se comporta como es debido. O sea, se creen que siempre tienen que estar cantando por las calles o armando alboroto.

—De la Semana Santa concretamente, ¿me podrías decir algo?.

—La Semana Santa, desde el punto de vista artístico, pues yo creo ... .

—¿Una verdadera manifestación religiosa, o más bien ...?.

—Aunque parezca en apariencia que no, yo creo que,

en el fondo, todos esos penitentes que van descalzos y con la cruz a cuestas, eso no se hace simplemente por teatro; es algo más, no?. O sea, que hay algo oculto que, aunque parezca que no es propiamente una manifestación religiosa, hay gran parte de religioso en ella.

—Y, ¿hay algún paso o alguna cofradía que te recuerde épocas o aspectos vividos en tu época?.

—En realidad, yo no he sido nunca muy partidaria de la Semana Santa. O sea, no la he vivido como la viven los sevillanos. Me gusta, en general, como aspecto artístico, pero otra vivencia no tengo de ella.

—Y de otra gran manifestación de Sevilla, la Feria.

—Pues, todavía puedo hablar menos, a no ser como espectáculo. O sea, como espectáculo, me gusta el color y me gusta la luz, como desde el punto de vista artístico también. Pero tampoco la he vivido nunca para hablar de otras cosas ... .

—¿Qué temas te preocupan más hoy?. Relacionados con ... .

—Yo creo que lo que más nos preocupa a todos será, quizás, el problema de la enseñanza y el problema estudiantil que hoy tratamos.

—¿Te preocupa especialmente algún tema relacionado con la enseñanza?.

—Pues, me preocupa la gran masa de alumnos de hoy día, y la dificultad de poder adecuar los medios de enseñanza a esa gran masa de alumnos.

—¿Tú crees que la labor del profesorado es hoy todo lo eficaz que fuera deseable?.

—Yo creo que no. Pero es que también faltan medios, porque de pronto, vienen muchos más alumnos de los que los centros o las clases tienen capacidad.

—Y, ¿cómo ves la actitud del alumno normalmente, en la clase y fuera de ella?.

—Pues, no sé, quizás, en general, es bastante furiosa. No sé si será por culpa del alumno o quizás de nosotros mismos en algunos casos, pero yo, muchas veces, no sé cómo despertar el entusiasmo en ellos. Es un problema con el que nos encontramos todos, no?.

—Sí. ¿Qué cambios, en el aspecto general de la vida humana, te han llamado más la atención en estos últimos años?. Sobre todo, a partir, digamos, de la última guerra mundial, desde el año cuarenta y cinco, que supuso, una verdadera revolución.

—La enorme progresión que llevan los descubrimientos científicos en poquísimo tiempo.

—¿Los sigues con especial interés?.

—De una forma general, porque, claro, yo no soy científica, yo no puedo darme bien cuenta de lo que significa, pero en su aspecto externo me interesan bastante.

—Y, ¿tú crees que realmente esto, estos programas que cuestan tantos millones de dólares, van a reportar a la humanidad, el beneficio que dicen, de que hablan algunas veces?.

—Pues yo no lo sé, pero creo que las cosas tienen un sentido oculto que nosotros no podemos prever; o que, quizá, el día de mañana, cuando la gente no quepa en este planeta, a lo mejor se encuentran soluciones en otros mundos, en otros sitios, y entonces, lo que ahora parece un gasto superficial o superfluo de dinero, sería una cosa útil.

—Y, ¿los deportes? qué opinión te merecen a tí los deportes actualmente?.

—¿Los periodistas, las conferencias de prensa y

todo eso ... te refieres?.

—Concretamente al deporte en sí, como ... .

—Ah!, perdón, había entendido el repórter. Los deportes yo creo que son útiles, porque la juventud tiene que dar salida a una cantidad de energía, que si no, pues derivaría, quizás, hacia la violencia, hacia el aspecto guerrero, y sería peor, no?.

—Y, con todo y con eso, a pesar de que se practique muchos deportes, sin embargo, estamos en un periodo que es fundamentalmente violento, eh?. ¿Tú crees que habrá alguna motivación?. ¿Tú crees que la juventud tiene razones suficientes para adoptar esta postura de rebeldía y de violencia?.

—Yo creo que, aunque sea una cosa que si se piensa desde el punto de vista razonable, parece absurdo, quizás las guerras sean necesarias a la humanidad en alguna manera. O sea, que sean como una salida de energía o algo así. Y, al no haberlas, quizás derivan hacia otras violencias menores.

—Pero, concretamente, a mí me parece que la juventud actual protesta precisamente contra la guerra, no?.

—Yo creo que no saben, en la mayoría de los casos, por qué protestan; que protestarían de todo, en algunos casos, sin saber por qué.

—Bueno, eso iría muy en consonancia con la propia indiosincracia de la juventud. A mí me parece que ser joven y estar de acuerdo con todo lo establecido es como, no ser joven, vaya.

—Pero precisamente, la guerra actual es una barbarie. Claro, dentro de ese término, pues, no se pueden establecer comparaciones; pero yo creo que la guerra siempre ha sido, en cierto modo, un ideal para la juventud. No todas las guerras, pero cierta clase de guerras. Y, hoy día, la juventud se ve falta de ideales.

-¿Tú crees que el movimiento hippy tiene una verdadera filosofía de principio, incluso moral, o que es una forma de ser, de vestirse externa?.

-Pues no, o sea, no sé qué opinar sobre eso. Desde luego me parece una decadencia, una degradación de la juventud, no?.

-¿Cómo ves el problema de la situación de las clases sociales en Sevilla, por ejemplo?.

-Lo veo mucho mejor que antes de la guerra, por ejemplo. O sea, hay mucha más igualdad hoy día. Las clases elevadas no viven tan bien, ni pensarlo. Pero, en cambio, las clases pobres viven mejor que antes. O sea, hay una mayor igualdad.

-Hay una situación quizás mejor del trabajo, no?.

-Yo creo que sí. O sea, todo el mundo quizás trabaja más, vive peor. Antes las personas de clase media, pues tenían una serie de criadas, vivían cómodamente, tenían amplias casas, tenían coche, tenían chófer, pero, hoy día, todo el mundo vive, en cierto modo, mejor, está más igualada.

-Y, como profesional de la enseñanza, ¿cómo ves tú la enseñanza?.

-Pues yo, como profesional, la veo fatal porque en cada clase hay quizás cinco ó seis alumnos que son los que verdaderamente aprovechan y los que merecerían seguir adelante. Y los demás, pues no sé qué decir, pero, en realidad, aprovechan muy poco.

-Entonces, ¿tú crees que la Ley de Educación traerá una ventaja o va a dejar las cosas poco más o menos como estaban?.

-Quizás, a la larga, las generaciones se vayan acostumbrando al estudio; pero no sé tampoco si es una ventaja para la sociedad el que todo, todo el mundo estudie, porque no se sabe si la felicidad está en eso tampoco.

-Y, ¿no crees que quizás la situación de nivel muy
bajo o casi ínfimo en la enseñanza, se debe
precisamente a esta masificación de la enseñanza?.

-Pues quizás sí. Es decir, que hoy tenemos alumnos
que son muchos prácticamente, y que no podemos
prescindir de ellos. Pero es que tampoco se les
puede negar, creo yo, la oportunidad que se les
brinda a los otros. Porque antiguamente el zapatero
educaba a su hijo para hacer zapatos, y el ... .
Etcétera, no?. Hoy día, cada padre tiende a que su
hijo sea más que él. Y, en realidad, pues al paso
que va evolucionando la vida, tampoco se puede
pretender que una persona se estacione haciendo
zapatos toda la vida. Sus hijos y sus nietos,
etcétera, no?.

-¿Dónde prefieres vivir, en la ciudad o en el
campo?.

-Preferiría en una ciudad que tenga las ventajas
del campo y de la ciudad. O sea, que fuera lo
suficientemente grande para tener comodidades de
ciudad, pero no demasiado grande, para que se
sintiera el campo cerca.

ENCUESTA: C 3 H 4.

EDAD: 48 Años.

PROFESION: Ama de casa.

—Mi informante es ... ¿tu nombre, por favor?.

—Mercedes.

—¿Tú dónde has nacido?. ¿Aquí?.

—Sí.

—Y ¿dónde vives tú, aquí, en Sevilla?, ¿en el centro?.

—Sí, en las Siete Revueltas, una calle muy típica.

—Y, ¿qué te gusta más de Sevilla, el centro o los barrios, aunque no vivas en ellos?.

—No, me parece que me gusta más el centro, no sé si es porque yo he vivido siempre en él pero me gusta más el centro; lo veo más ... . Me gusta más.

—Bueno, y de los monumentos, de las calles típicas de Sevilla ¿qué es lo que más te gusta?.

—Hombre, lo que más me gusta es ... . Le veo más mérito a la catedral, no?. No a la Giralda solamente sino a la catedral entera. Luego, por fuera es muy bonita, parece como un encaje muy bonito y por dentro, pues, también me gusta mucho. Después me gusta mucho el Patio de los Naranjos. Luego, están los alrededores de Sevilla. Me gusta el ambiente de Sevilla, el clima, qué sé yo. En verano hace mucho calor, demasiado, y en invierno quizás lo encuentre un poquito húmedo también. Ahora, dentro de eso, como el invierno aquí es cortito, pues, me gusta mucho.

—Tú que has viajado por ahí y has visto muchas partes de España ¿cuál es la que más te gusta de las que has visto?.

—Hombre, pues, cada sitio tiene su encanto, no?. Me gusta mucho, qué sé yo, como capital me gusta mucho Barcelona. Ahora, como impresionante, me gusta mucho más las montañas asturianas. Eso es precioso, no?. Claro, conozco casi toda España. Sí, pero por eso digo, cada parte tiene su cosa bonita, no?. Ahora, como gustarme, no para vivir, eh?, sino como monumento artístico, lo que más me ha gustado ha sido Toledo. Me gusta Toledo por todo. Es que todo aquello es una cosa de arte, no?. Todo: la Sinagoga, la Casa del Greco. Que, luego, fíjate tú que en aquellos tiempos que solamente lo que valían eran los palacios, las cosas, no?. La gente, corrientemente, no vivía con esos lujos, no?. Pues, tiene el Greco una casa con un patio, unos jardines, una cosa preciosa, no?. Después, claro, es muy bonito, aunque se conoce también en otras partes, no?, los cuadros del Greco. La catedral también, bueno, como cosa ya más moderna. Y esto histórico de ahora, la parte del Alcázar de Toledo, no?. Desde luego todo, todo es muy bonito.

—Tú has pasado algunas temporadas en Madrid, no?. Cuéntanos algo de Madrid.

—Bueno, pues, en Madrid he pasado muchas temporadas porque casi medio año se puede decir que me pasaba antes allí y aquí, vamos, repartido entre aquello y esto. Pero, bueno Madrid, no sé yo, me gusta a mí el ambiente de Madrid, no?, y las calles. Porque aquello es muy grande y muy limpio, muy bonito, más moderno que esto. Como se ve aquello a esto queda también ... . Pero como monumentos yo no veo allí ... . Conozco solamente los museos, no?. Y, después, sí, las afueras. Bueno, no solamente de Madrid, no?, sino la parte de Segovia, de Aranjuez, los palacios reales, no?, el Escorial. Esos son muy bonitos. La Casa del Labrador, la Casa del Príncipe.

Eso todo es muy bonito. Eso no ya son monumentos de casas reales, no?, de cuando la ... .

-¿Notas tú diferencia entre el ambiente de Madrid y el de Sevilla?.

-El ambiente de la gente sí, sí, muchísimo se nota. Hombre, tienen un carácter parecido al nuestro, no?, un carácter abierto. Pero sí, se nota mucho el carácter de ellos al nuestro. A mí me gusta más el nuestro. No sé si será por eso, porque gusta lo de una, no?, pero gusta más el carácter nuestro, parece que estamos más en familia, no?. El ambiente nuestro me gusta más.

-Y, de las fiestas de Sevilla ¿cuál te gusta más, la Semana Santa o la Feria?.

-¿De la Feria de Sevilla?. ¿De las fiestas de Sevilla?. Esas me gustan todas. Me gusta el Rocío, me gusta la Semana Santa, me gusta la Feria, me gusta todo. Ahora, como gustarme gustarme, me gusta más la Semana Santa que la Feria.

-Y, ¿qué pasos te gustan más de la Semana Santa?.

-¿Pasos de Semana Santa?. ¿De la Virgen?.

-Sí.

-Pues, la Macarena.

-¿Y de Cristo?.

-De Cristo, me impresiona mucho en la calle el Gran Poder, y me gusta también mucho el Cristo de la Buena Muerte.

-Tú ¿cómo acostumbras a ver las cofradías?, ¿en la carrera oficial?.

-Bueno, yo no tengo norma. Hay veces que la he visto en la carrera oficial, la he visto dentro de la catedral, que desde luego es con mucha solemnidad, muy bonito. Además le hacen allí un recibimiento ... . Eso es muy bonito. Después las he visto también entrar, salir, las he visto por las calles, en los sitios típicos, de todas formas. Como son tantos años los que llevo aquí, pues las he visto de todas maneras, no?. Ahora, me gusta verlo cada cosa como a mí me gusta. La carrera oficial es como menos me gusta, porque eso de ver pasar los pasos por delante no me gusta, vamos, ves el ambiente pero todo igual, no?, ni ves detalles ni ves nada. Para verla en la calle no me gusta la carrera, me gusta cada una en su sitio, un sitio típico, no?. Ahora, para verla al detalle me gusta ir a la iglesia y allí recrearme. Estar un rato, dar vueltas alrededor del paso, fijarme en los detalles y todas esas cosas.

    –¿Tú distingues las Vírgenes?.

    –Sí, claro, yo creo que conozco todas.

    –Mucha gente dice que las Vírgenes son todas iguales. ¿Tú crees eso?.

    –No hombre, eso lo tiene que decir uno que no sea de aquí, no?. Porque es como si dices, todos los chinitos son iguales, no?, porque no se conocen, no?. Pero eso, claro, los que sean de fuera, pues, las ven todas arregladas poco más o menos lo mismo. Bajo palio, pues, todas le parecen la misma, no?. Ahora, claro, los Cristos los distinguen porque uno va crucificado, otro va con la cruz a cuestas, por eso se distinguen, no?, pero la Virgen, como todas llevan la misma postura, no?, por eso parecen la misma. Pero el que sea de aquí, que las conozca, vamos, las distingue en todo.

    –Y el desfile de cofradías ¿qué te parece?.

    –Pues me parece que está muy bien. Claro que hay unas cofradías, no?, que son más ... . Podíamos decir, más serias que otras, no?. O sea, que van por la calle guardando todos el sitio, todos callados, todas esas cosas. Hay otros que son más alegres, como le pasa a la cofradía de la Macarena, no?. Aunque por eso no creo yo que sea falta de fervor,

292

no?. Si es que son muchas horas, muchas horas, y
claro, pues hay que tomarse cualquier cosita o algo.
Porque hay que comprender también que son muchísimas
horas detrás del paso. Pero eso no ... . Como dicen
muchas veces que es falta de fervor. A mí no me lo
parece, no. Además así es el ambiente, no?, pues si
todo fuera igual ... . Pero claro, la religión es la
misma, no?, y se ve que ... . Pero lo bonito es el
contraste, no?, de una cofradía que va muy seria, la
otra que va más alegre. Eso, eso es lo bonito. O
sea, eso es lo típico de la cofradía de la Semana
Santa de Sevilla, no?.

-¿Tú crees que la Semana Santa va encaminada hacia
el turismo?.

-No, eso es nuestro, ellos vienen aquí porque les
gusta, no?. Ahora, también van a muchos sitios, van
a Malaga ... . Van a muchos sitios porque también
hay buenos pasos, no?. Pero aunque ellos vinieran o
no vinieran, la cofradía es nuestra, no?, y nosotros
lo hacemos para nosotros, no para ellos.

-Ahora me vas a contar algo de la Feria. ¿Te gusta
la Feria?.

-¿Que si me gusta la Feria?. Pues, muchísimo,
muchísimo.

-¿Y te lo pasas bien?. ¿Por la noche es cuando es
bonita la Feria?.

-Bueno, ha habido de todo, unos años mejor otros
peor, otros años igual. Unas veces hemos ido
solamente por dar un paseo, otras me he divertido
mucho. Ha habido de todo. Pues cuando más me gusta
la Feria es por la mañana. Eso del paseo de coches,
dar un paseo viendo los caballos enjaezados. Todo
eso es muy bonito. Después entras en las casetas, te
tomas unas copitas de manzanilla, no?, con unas
gambitas, mientras los ves desfilar. Aquello es
precioso. Después, por la tarde, claro, por la tarde
es cuando menos me gusta, no?, quizás porque por la
tarde haya ido poco. También es un ambiente
distinto, no?, ya es el ambiente de las casetas y

entonces, pues, ya vienen las reuniones, el pasarlo
bien, vamos, cantar, bailar y todas esas cosillas de
la Feria.

-Y, ¿crees tú que para pasarlo bien en la Feria es
imprescindible tomarse una copita?.

-Es que si no, estás muy esaboría, no?. Bueno,
primero hay que formar, para pasarlo bien, un
ambiente de amistades, no?. Porque, claro, si va
solamente una familia, que se están viendo todos los
días, a dar un paseíto por la Feria, eso no es
ambiente. El ambiente es eso, reunirse gentes que se
vean a menudo. Pero más que eso, que sean familias
distintas. Se reúnen o bien familias o un grupo de
amistades, no?, o así. Varios amigos, amigos que ya
se animan unos con otros y se toman unas copitas,
"vamos a entrar aquí, vamos a entrar allí", ya viene
... . Se tercia cantar, bailar y todas esas cosas
que pasan en la Feria, en el ambiente suyo.

-Y periódicos, ¿lees?.

-Sí, estoy suscrita a Pueblo. Eso lo leo todos los
días. Eso, además que trae unos temas, no?, de todo,
como todos, pero trae también muchas cositas, no
solamente internacionales, sino además cosas también
del ambiente, de moda, de toros, de muchas cosas,
que esto siempre ... . Es muy variado el periódico
este. Eso como periódico, vamos, como como diario,
no?. Después, leo también las revistas estas de
cotilleo, estas como Ondas, Miss, Lecturas, todas
esas cosas de ... .

-¿Qué te interesa más, la vida de los príncipes y
esas cosas o la de los artistas?.

-Ay, no, la de los príncipes, las casas reales.

-Te da por lo grande, no?.

-Es que es más divertido, porque si estás viendo
de ella los artistas, psh, también los leo porque
claro ya que vienen se lee todo, no?, pero me gusta
más la vida de los príncipes y esas cosas.

—Y la radio, ¿la oyes?.

—La radio me gusta mucho.

—¿Qué programas?.

—Pues, de la radio me gustan mucho los musicales, no?. Eso lo primero, y después también me gusta oir las novelas porque si estoy en casa y me pongo a hacer cualquier cosa, pues con la radio no pierdes tiempo, no? y te pones ... . Oigo las novelas, oigo eso, la música, todo eso. Mientras estoy sentada en casa, pues, estoy haciendo cualquier cosa que pueda oirla. Pues, entonces la tengo siempre puesta.

—Y, ¿la televisión?.

—La televisión me gusta. Todos los programas no. Me gustan algunos programas, todos no. Me gustan más los programas como este "Si las piedras hablaran", eso de Antonio Gala, que es un programa muy bueno. Y me gusta "Estudio 1". Y el cine, también. Bueno, muchos programas que ponen. Como esto lo van variando. "Estudio Abierto" es también un programa muy bueno.

—Y ¿"Crónicas de un pueblo", te gusta?.

—"Crónicas de un pueblo" sí, está muy bonito.

—Y ... .

—Eh?. A mí me resulta muy humano, una cosa ... . Es muy sencillito, no?. No es que tenga temas de fondo, pero es un programa muy sencillito y resulta muy distraído. Está bonito, sí. El que no me gusta es este ... . No me acuerdo ahora cómo se llama ... . Este de "Don Cicuta" ... . Ahora está de moda "Don Cicuta" ... . Como se llama esto de ... .

—¿"Un, dos, tres" ?.

—"Un, dos, tres. Responda otra vez". No, no me gusta. A mí me resulta fatal. Me parece que están vendiendo esos por las calles. El programa ese, además, me resulta aburrido. Lo que me gusta quizás en el programa, el que está mejor de todos, "Don Cicuta", no?. Pero en conjunto, ese guión no me gusta. Y eso que está ahora muy de moda, que han hecho juegos de todas clases para los chiquillos y todas esas cosas ahora para Reyes, toda clase de juguetes. Pero eso. No me gusta ese programa.

-Y de distracciones, ¿qué me dices?. ¿Cuáles son tus distracciones favoritas además de esto que me has dicho ya?.

-¿Distracciones?. Bueno, pues, las distracciones normales de todo el mundo, no?. Pues, cuando puedo salgo y voy a alguna parte, voy a algún cine, algún teatro. También me gustan mucho los toros. Los toros me gustan mucho.

-¿Te gustan los toros?.

-Los toros me gustan mucho.

-¿Qué toreros te gustan?.

-Pues, me gusta mucho, cuando torea bien, me gusta mucho Curro Romero. Ahora, esta última corrida de Curro Romero, ésta sí la ví. Ésta que toreó seis toros, el día del Corpus. ¿No fue el día del Corpus?. Sí, me parece que fue el día del Corpus. Pues, ésa que toreó aquí los seis toros estuvo muy bien. Esa sí me gustó. Me gusta también Paco Camino, Diego Puerta. Toreros de por aquí. La escuela andaluza.

-Y, ¿de tiendas, te gusta ir?.

-Huy, eso me encanta. Eso de ir de compras y ver aquí lo que hay, lo que no hay, lo que se lleva, todas esas cosas me gustan mucho.

-Las rebajas ... .

-No, las rebajas me gustan menos. Bueno, me gustan porque, claro, lo que me gustan son las cosas bonitas y en rebajas no hay cosas bonitas, no?. Yo

no digo que en rebajas no haya cosas que interesan
por su precio, porque algunas veces no se va
buscando ya la calidad, no?, sino una cosita así,
para que haga, como suele decirse, haga el avío,
no?. Ahora, después, las rebajas lo que pasa es que
te cansas porque son muy birriosas la mitad de las
cosas, no?. Algunas cosas sí, te convienen y tú ves
... . Pero, vamos, no como alguna gente que viene, a
lo mejor, con unas ganas de comprar cosas ... . Y
eso que no sirven para nada, que las hay en
cualquier sitio, no?. Pero lo que me gusta es ir de
tiendas. Pero cuando sean tiendas de cosas bonitas.
Eso sí me gusta mucho, indiscutiblemente.

—Y tu hobby favorito ¿cuál es?.

—Bueno, pues, es que me gusta ir de tiendas.
Porque mi hobby favorito es la alta costura, no?.
Bueno, no solamente comprarla, no?, sino comprar el
tejido, pensar una creación de un modelo, hacerlo.
No es que me dedique, pero me gusta, para mí, para
mi familia, lo hago. Y me gusta mucho eso de coger y
pensar un modelo, hacerlo y que salga bonito. Eso me
gusta mucho.

—¿Más que tu carrera?.

—Sí. Mi carrera me gusta, claro. La estudié, y me
gusta, pero son cosas distintas.

—Entonces ¿por qué la estudiaste?.

—Porque me gustaba en aquellos tiempos. Pues,
pensé que estaba bien. La estudié con buenas notas
además, y me gustó. Lo que pasa es que después no la
he ejercido. Y, claro, que al estar en casa, pues,
ya siempre te sobra tiempo, no?, y en algo tienes
que ocuparlo, y eso de la alta costura es, como yo
digo, bueno, no es que vaya a ser como un modisto de
los grandes, no?, pero que me gusta eso de las
modas. Y eso de hacer los modelitos y esas cosas,
eso me gusta mucho.

TITULOS PUBLICADOS

70. ANTROPOLOGIA FILOSOFICA DE MIGUEL DE UNAMUNO.
Avelina Cecilia Lafuente.

71. ACTO Y SUSTANCIA EN SANTO TOMAS DE AQUINO.
Javier Hernández Pacheco. (En prensa)

72. LA ESTRUCTURA DE ABADDON EL EXTERMINADOR.
Trinidad Barrera.

73. TEORIA Y PRACTICA DEL CUENTO EN CORTAZAR.
M.ª del Carmen Mora.

74. ITALIANO Y ESPAÑOL. ESTUDIOS LINGUISTICOS.
Manuel Carrera y otros. (En prensa)

75. SOCIOLINGUISTICA ANDALUZA. 2.
M. Angel de Pineda.

76. EL CONVENTO DE SAN JOSE DEL CARMEN DE SEVILLA. LAS TERESAS.
M.ª Luisa Cano Navas. (En prensa)

OTRAS PUBLICACIONES

RESEÑA HISTORICA DE LA UNIVERSIDAD DE SEVILLA.
Publicación facsimil de la edición de Antonio Martín Villa, del año 1886.

EL TUMBO DE LOS REYES CATOLICOS DEL CONSEJO DE SEVILLA.
Edic. dirigida por R. Carande y J.M. Carriazo.
I. Años 1474-1477. Sevilla, 1968.
II. Años 1477-1479. Sevilla, 1968.
III. Años 1479-1485. Sevilla, 1968.
IV. Años 1485-1489. Sevilla, 1968.
V. Años 1489-1492. Sevilla, 1971.

CATALOGO DE INCUNABLES DE LA BIBLIOTECA UNIVERSITARIA.
J. Tamayo y Francisco y Julia Isasi-Ysasmendi.

SUPLEMENTO.
Varios autores.

POSTILLAE IN VETUS ET NOVUM TESTAMENTUM DE NICOLAS
DE LYRA.
Edición de Teresa Laguna Paúl.

LAS FORTIFICACIONES DE GIBRALTAR EN 1627.
José A. Calderón Quijano.

HOMENAJE AL PROFESOR CARRIAZO.
Tomo I: En la frontera de Granada. (Agotado)
Tomo II.
Tomo III.
Varios Autores.

EL PENSAMIENTO FILOSOFICO-POLITICO DE BARTOLOME DE
LAS CASAS.
Ramón Queraltó.

CATALOGO DE LA SECCION 16.ª.
Archivo Municipal de Sevilla. T.I.: 1280-1515.
A. Collantes de Terán.

SEIS SEMBLANZAS DE HISTORIADORES ESPAÑOLES.
Luis G. de Valdeavellano.

ANTOLOGIA BILINGUE: WORDSWORTH, COLERIDGE, SHELLEY
Y KEATS.
Departamento de Literatura Inglesa.

HISTORIOGRAFIA ROMANTICA ESPAÑOLA.
Manuel Moreno Alonso.

LA REVOLUCION FRANCESA EN LA HISTORIOGRAFIA
ESPAÑOLA DEL SIGLO XIX.
Manuel Moreno Alonso. (Agotado)

DIEZMO ECLESIASTICO Y PRODUCCION DE CEREALES EN EL
REINO DE SEVILLA.
M.A. Ladero Quesada y M. González Jiménez.

HOMENAJE AL DR. MURO OREJON.
Tomo I. Varios Autores.
Tomo II: Estudio General del Nuevo Código de las leyes de Indias.
A. Muro Orejón.

LA ADMINISTRACION ESPAÑOLA EN EL SIGLO XIX
PUERTORRIQUEÑO.
Jesús Lalinde Abadía.

HOMENAJE AL PROFESOR HERNANDEZ DIAZ.
Tomo I.
Varios Autores.

GRUPO ESPAÑOL DE TRABAJO DEL CUATERNARIO. 5.ª Reunión.
H. Verstappen, V.M.ª Roselló, E. Vallespí y otros.

JAMES JOYCE. ACTAS/PROCEEDINGS.
Departamento de Literatura Inglesa.

SUBJETIVIDAD Y REFLEXION. TRES ESTUDIOS DE
ANTROPOLOGIA FUNDAMENTAL.
Javier Hernández Pacheco.

LA GUITARRA EN LA HISTORIA.
M.ª Isabel Osuna. (En Prensa)